KB274399

세금, 판결로 보다

허승 판사의 사례로 풀어보는
세법과 조세불복

허 승

박영사

세금에 대한 관심이 뜨겁습니다. 블로그, 유튜브 등 각종 매체에 세금 정보가 쏟아지고 있습니다. 그런데 자세히 들여다보면 서로 내용이 조금씩 다릅니다. 어떤 사람은 세금을 크게 줄이는 비법이 있다고 하고, 또 다른 사람은 그런 방법은 애초에 없다고 합니다. 잘못된 절세 방법을 쓰다 세무조사를 당해 인생이 망가질 수 있다는 경고도 들립니다. 누구 말을 믿어야 할지 혼란스럽습니다.

세금은 아주 중요합니다. 세금을 무시한 채 제대로 된 사업이나 투자를 할 수 없습니다. 큰 사업을 하지 않더라도 세금을 모르면 낭패를 볼 수 있습니다. 가족을 위해 담보로 제공한 아파트가 경매로 넘어가면 집만 잃는 것이 아니라 양도소득세까지 추가로 내야 합니다(이 책 3편 2장 참조). 반대로 세금을 알면 힘들 때 도움을 받을 수 있습니다. 부당해고를 당한 뒤 받은 해고합의금에 붙는 세금은 회사와 작성한 합의서 문구에 따라 달라질 수 있습니다(이 책 5편 2장 참조).

세금은 단순히 돈을 벌기 위해 필요한 지식이 아닙니다. 이미 가지고 있는 재산을 지키기 위해서도 꼭 필요합니다.

하지만 세금은 어렵습니다. 왜 그럴까요?

우선 용어가 낯섭니다. 세법 조문을 그냥 읽어서는 무슨 뜻인지 이해하기 어렵습니다. 일생생활에서 거의 쓰이지 않는 단어들이 끝없이 등장합니다. 세법을 처음 접하는 사람에게는 생소한 외국어와 다르지 않습니다.

설령 힘들게 세법 조문을 읽어도 세금 문제를 곧바로 해결할 수 있는 것도 아닙니다. 세법은 언제나 다른 법률과 함께 움직입니다. 부동산을 팔면, 파는 사람(매도인)은 양도소득세를, 사는 사람(매수인)은 취득세를 부담합니다. 여기까지는 대부분 알고 있습니다. 그런데 매매계약이 해제되거나 취소되면 어떻게 될까요? 매도인은 이미 납부한 양도소득세를 돌려받을 수 있을까요? 돌려받을 수 있다는 것이 판례입니다. 그렇다면 매수인 역시 취득세를 돌려받을 수 있을까요?

매수인이 취득세를 돌려받을 수 있는지 알려면 먼저 계약 해제나 취소의 법률효과를 알아야 합니다. 그 위에서 지방세법과 지방세기본법 규정을 보고, 과세당국의 유권해석과 법원 판결을 차례로 검토해야 비로소 답에 도달할 수 있습니다(이 책 3편 3장 참조). 세법뿐 아니라 다른 법률까지 함께 이해해야 하니, 세금이 어렵게 느껴지는 것은 어찌 보면 당연합니다.

이게 끝이 아닙니다. 더 중요한 이유가 있습니다. 같은 쟁점에 대해서도 세무서, 감사원, 조세심판원, 법원의 입장이 조금씩 다를 때가 있습니다. 블로그, 유튜브의 설명이 제각각인 이유가 여기에 있습니다. 심지어 대법원이 과세당국과 다른 판단을 내렸는데도, 과세당국이 기존 입장을 고수하며 국회를 통해 세법을 개정해 버리기도 합니다. 우리는 어떻게 대응해야 할까요?

너무 걱정할 필요는 없습니다. 복잡한 문제는 전문가에게 맡기면 됩니다. 일반 독자에게 필요한 것은 바로 세금에 대한 감각, 즉 "지금 이 상황이 세금과 연결될 수 있다"라는 것을 알아차리는 힘입니다. 내 선택에 따라 세금이 달라질 수 있다는 것, 예컨대 해고합의서의 문구에 따라 사업자나 근로자가 부담하는 세금이 달라진다는 것만 알아도 낭패를 볼 일은 줄어듭니다. 중요한 것은 지금이 전문가에게 질문해야 할 상황인지 아닌지를 미리 알아차리는 것입니다. 세무서로부터 납세고지서를 받은 뒤가 아니라, 그 전에 말이죠.

이를 위해 우리는 주요 세법 규정과 중요 판례를 한 번쯤 짚어볼 필요가 있습니다. 그러나 더 중요한 것은 세법 규정이나 판례를 하나씩 외우는 것이 아니라, 세금 분쟁의 전체적인 구조와 흐름을 이해하는 것입니다. 세금 관련 법령, 유권해석, 판례는 시시각각 바뀝니다. 이런 현실에서는 일반 독자는 세세한 규정 하나하나를 붙잡고

씨름하기에는 한계가 있습니다. 먼저 숲의 모양을 봐야 합니다.

그렇다면 숲은 어떻게 볼 수 있을까요?

이 책은 바로 그 숲을 함께 보기 위해 썼습니다. 과세관청의 입장, 조세심판원 결정, 법원 판결이 조금씩 엇갈리는 상황에서 가장 믿을 수 있는 출발점은 대법원 판례입니다. 대법원이 세금 분쟁의 최종 심판자이기 때문만은 아닙니다. 시간이 지나 새로 만들어지는 세법 규정이나 과세당국의 유권해석 또한 결국 기존 대법원 판례와의 관계 속에서 형성되기 때문입니다.

이 책은 실제 조세불복 사건을 토대로 독자가 이해하기 쉽도록 사례를 재구성하는 것에서 출발합니다. 그다음 각 사례에서 납세자와 과세당국이 어떤 주장을 했는지, 법원이 그 쟁점을 어떻게 바라보고 판단했는지를 순서대로 보여드립니다. 독자들은 납세자의 주장, 과세당국의 논리, 그리고 법원의 판단을 차례로 따라가며 세금의 구조와 흐름을 자연스럽게 익힐 수 있을 것입니다. 이를 통해 세금 문제가 실제 어떤 지점에서, 어떤 입장 차이에서 생겨나는지도 함께 볼 수 있습니다.

아울러 세무당국, 조세심판원이나 법원의 입장이 다소 다른 지점이 있다는 점을 고려해, 대법원 판례를 기초로 하되 필요할 경우 과세당국의 유권해석이나 조세심판원 결정 등도 소개했습니다.

또한 세법을 처음 접하는 독자를 위해 각 사례 앞에 기본 개념을 짧고 쉽게 소개한 뒤, 사례를 바탕으로 세금 문제를 풀어냈습니다.

나아가 실무를 담당하는 전문가 독자를 위해 각 사례 뒤에 '조세불복 실무노트' 코너를 마련해 현장에서 실제 문제되는 최신 쟁점과 납세자·과세당국의 주장 포인트, 법원의 판단 이유 등을 따로 정리했습니다. 이 책이 일반 독자뿐 아니라 변호사·공인회계사·세무사에게도 유용한 자료가 되기를 바랍니다.

이 책은 매경 Luxmen에 연재했던 「허승의 사례로 풀어보는 세금」을 바탕으로 합니다. 연재 당시 목표는 세금을 처음 접하는 독자에게 일상에서 마주치는 세금 문제를 최대한 쉽게 설명하는 것이었습니다. 단행본을 준비하는 과정에서 세법을 처음 접하는 독자뿐 아니라 이미 세금에 관한 기초 지식을 갖춘 독자의 눈높이까지 함께 고려해 내용을 대폭 추가·보완했습니다.

이 책은 저의 세 번째 책입니다. 앞선 두 책『사회, 법정에 서다』와 『오늘의 법정을 열겠습니다』는 청소년을 대상으로 우리 사회에서 논쟁이 되고 있는 주제를 법적이고 논리적인 사고를 통해 이해하도록 돕는 데 초점을 맞추었습니다. 이 책『세금, 판결로 보다』는 성인 독자를 향한 첫 책으로, 세금의 구조와 흐름을 '판결'을 통해 보여드리는 것을 목표로 했습니다. 법원에서 세금에 대한 무관심으로 어려움에 빠진 당사자들을 보며 느낀 안타까움, 그리고 여러 세금 사건을 심리하며 품게 된 '공평한 조세제도란 무엇인가'에 대한 고민을 이 책에 담으려 했습니다. 이 책이 여러분께 작으나마 도움이 되기를 바랍니다.

1편 가족과 세금

1장 ▸ 남편이 아내에게 보낸 돈에도 증여세가 부과될까?

2장 ▸ 배우자 공제를 활용한 절세컨설팅의 함정

3장 ▸ 절세를 위해 이혼을 한다고?

▚ **2편** ▞　부동산과 세금

4편 　사업과 세금

5편   회사와 세금

1장 ▸ 임원에게 과다한 급여를 지급하면?

1편

가족과 세금

"가족끼리 주고받은 건데, 세금까지 내야 하나요?"
"남편이 생활비로 준 돈을 모아 샀을 뿐인데 왜 문제죠?"
"아들에게 집을 팔았는데, 왜 증여라고 하나요?"

가족 간에는 계약서 없이도 돈과 재산이 오갑니다. 그러나 세무서는
가족이라는 이유로 너그럽지 않습니다. 오히려 더 의심 어린 눈으로
들여다보죠. 사랑과 신뢰로 한 결정이 때로는 '증여'로 간주되어 거액
의 세금 폭탄으로 돌아오기도 합니다. 이 편에서는 가족 간 거래가
세금 문제로 비화된 실제 사건들을 바탕으로, 어떻게 하면 불필요한
세금 분쟁이나 가족 갈등을 피할 수 있는지 짚어봅니다.

1장
남편이 아내에게 보낸 돈에도
증여세가 부과될까?

들어가며: 증여세란

증여세는 누군가에게 대가 없이 재산이나 경제적 이익이 이전될 때 부과되는 세금입니다. 이때 세금을 내야 하는 사람은 재산을 받은 사람(수증자)이고, 예외적으로 재산을 준 사람(증여자)이 보충적으로 책임을 지기도 하죠.

증여세는 어떻게 계산할까요? "(과세가액 – 공제액)×세율 – 누진공제"로 계산됩니다. 사실 공제액이 적고, 세율이 최고 50%까지 올라가기 때문에 많은 사람들이 증여세에 큰 부담을 느끼는 것이 현실이죠.

아버지가 아들에게 시가 10억원의 아파트를 증여하면 아들은 증여세로 약 2억 2,000만원을 납부해야 합니다. 공제액이 5,000만원에 불과해 9억 5,000만원(=10억원 − 5,000만원)에 대해 30% 세율이 적용한 후 누진공제 6,000만원을 빼면 이 금액이 나옵니다.

반면 증여가 아닌 매매였다면 세금 구조가 완전히 달라집니다. 우선 아들이 아닌 아버지가 양도소득세를 부담합니다. 또한 양도차익(양도가액 − 취득가액)에 대해서만 세금을 내면 되기 때문에 전체 금액을 기준으로 하는 증여세에 비해 세 부담이 훨씬 적습니다. 아버지는 적은 세금을 부담하면서 아들에게 많은 재산을 이전하려 합니다. 실제로는 아들에게 무상으로 재산을 넘겨주면서도 겉으로는 양도처럼 보이게 거래 형식을 꾸미는 경우가 있죠. 반대로 진짜 양도가 있었지만 세무서에서 부자 간의 거래라는 이유로 증여가 이루어졌다고 의심하기도 하죠.

이처럼 가족 간의 거래에서는 '증여세'가 주로 문제되고, 납세자와 세무서 사이에 특정 거래가 '증여'인지를 두고 치열한 다툼이 벌어지고 있습니다. 그렇다면 부부간의 금전 거래에서는 어떤 세금 문제가 있을까요?

부부간 증여와 증여세

의사인 상철은 몇 해 전 서울을 떠나 부산에 큰 병원을 열었다. 그러나 자녀의 양육을 위해 상철의 아내는 전업주부로 자녀와 함께 서울에 남기로 했다. 그런데 상철은 부산에서 초등학교 동창을 만나 함께 해외여행을 다니며 부정행위를 하였다. 이를 알게 된 아내는 상철에게 이혼하지 않는 조건으로 자신에게 모든 재산 관리를 맡길 것을 요구했다. 상철은 아내의 요구에 따라 아내 명의의 계좌로 20억원을 송금했고, 아내는 그 중 15억원으로 부산 아파트를 자신의 명의로 구매한 후 자녀와 함께 부산으로 이사했다.

그런데 얼마 후 세무서장은 아내가 상철로부터 20억원을 증여받았다며 배우자 증여재산 공제액 6억원을 뺀 나머지 14억원에 대한 증여세 4억원을 아내에게 부과했다. 그러자 아내는 전심절차를 거쳐 증여세 4억원의 취소를 구하는 소를 제기했다.

증여세 과세대상은?

남편이 아내에게 큰돈을 송금하면 증여세가 부과될까요? 부모가 자녀에게 송금할 때는요? 친구 또는 연인 사이에는 어떨까요?

정답은 "그때그때 다르다"입니다. 증여세의 과세대상인 '증여'란 다른 사람에게 공짜로 재산이나 이익을 주는 것을 말하죠. 즉 송금한 이유가 무엇이냐에 따라 증여세 과세 여부가 달라집니다. 아버지가 아들에게 100억원을 송금하였어도 아들이 아버지로부터 100억원을 빌린 것이라면, 송금의 원인이 '증여'가 아니기 때문에 증여세가 과세되지 않습니다.

증여세 과세 여부가 돈을 주고받는 사람들의 의도에 따라 결정된다면, 사람들은 왜 가족에게 큰돈을 보낼 때 증여세를 걱정할까요? 사례를 조금 바꿔보죠. 상철의 아들이 상철로부터 20억원을 송금받아 아파트를 구매했고, 얼마 후 세무서장이 아들에게 증여세를 부과했습니다. 이때 아들이 상철과 함께 아파트를 구매해 나중에 팔 때 그 수익금을 나누기로 했다는 내용의 계약서를 가지고 증여세 취소의 소를 제기한다면, 과연 승소할 수 있을까요?

증여세와 증명책임

과세요건사실에 대한 증명책임은 세무서장에게 있습니다. 세무서장은 아들이 상철로부터 20억원을 '대가 없이' 받았다는 사실을 증명해야 합니다. 세무서장이 '증여' 사실을 증명할 수 있는 증거를 제출하지 못하면 판사는 아들이 증여를 받았는지, 다른 이유에서 받은 것인지 명확히 알 수 없습니다.

심지어 세무서장이 아들과 상철 명의의 투자계약서가 위조된 것이거나 허위라는 사실을 증명해도 마찬가지죠. 송금의 원인이 투자가 아니라는 사실을 증명한 것이지, 증여를 증명한 것은 아니기 때문입니다. 세무서장이 증여에 관한 증거를 제출하지 못하면 증여세 부과를 취소하는 판결, 즉 아들의 승소판결이 선고되어야 합니다.

증여의 법률상 추정

많은 분들이 이러한 결론은 상식에 어긋난다고 느끼실 겁니다. 우리는 아버지가 아들에게 거액을 송금했고, 아들이 그 돈으로 아파트를 샀다면, 그 실질적 이유가 증여인 경우가 많다는 것을 경험적으로 알고 있습니다.

그러나 실무상 세무서장이 상철과 아들 사이의 송금의 이유에 관한 직접증거를 확보하기는 어렵습니다. 그래서 세법은 조세정의를 위해 여러 추정 규정을 두고 있죠.

대표적으로 상속세 및 증여세법(상증세법) 제45조 제1항이 있습니다.

상속세 및 증여세법
제45조(재산 취득자금 등의 증여 추정)
① 재산 취득자의 직업, 연령, 소득 및 재산 상태 능으로 볼 때 재산을 사력으로 취득하였다고 인정하기 어려운 경우로서 대통령령으로 정하는 경우에는 그 재산을 취득한 때에 그 재산의 취득자금을 그 재산 취득자가 증여받은 것으로 추정하여 이를 그 재산 취득자의 증여재산가액으로 한다.

요약하면 "재산 취득자가 재산을 자력으로 취득하였다고 인정하기 어려운 때에는 그 재산의 취득자금을 증여받은 것으로 추정한다"는 내용이죠. 소득이 없는 아들이 상철로부터 20억원을 받아 아파트를 취득하였다면, 상증세법 제45조 제1항에 의해 아들이 상철로부터 아파트 취득자금 20억원을 증여받은 것으로 추정 받게 됩니다.

증여로 추정을 받은 아들은 상철로부터 20억원을 받은 실제 이유를 증명하지 못하면 증여세를 납부해야 합니다. 즉 투자계약서가 진실이라고 판사를 설득해야 하고, 판사가 투자계약서가 진실이라고 믿지 않으면 증여세를 내야하는 것이죠.

증여의 사실상 추정

상증세법 제45조 제1항은 부동산과 같은 재산 취득의 경우에 적용되고, 송금만 이루어진 경우에는 적용되지 않았습니다. 이에 대법원은 예전부터 법률의 규정이 없더라도 경험칙을 근거로 가까운 친족관계에 있는 사람 사이에 이루어진 송금을 증여로 사실상 추정해왔습니다.

아버지가 아들에게 돈을 송금한 경우, 장모가 사위에게 돈을 송금한 경우에도 증여로 사실상 추정했습니다. 사실상 추정은 경험칙에 근거한 것이기 때문에 법률상 친족관계에 국한되지 않습니다. 상철이 부산에 혼자 머무는 동안 내연관계에 있던 초등학교 동창에게

20억원을 송금했다면 그 역시 증여로 사실상 추정될 수 있습니다.

부부간 송금과 증여의 추정

부부간 송금은 어떨까요? 부부간 송금은 2013년 "실명으로 확인된 계좌로 받은 돈은 그 계좌 명의자가 취득한 것으로 추정한다"는 상증세법 제45조 제4항이 신설되어 논의가 상당히 복잡해졌습니다.

상속세 및 증여세법
제45조(재산 취득자금 등의 증여 추정)
④「금융실명거래 및 비밀보장에 관한 법률」 제3조에 따라 실명이 확인된 계좌 또는 외국의 관계 법령에 따라 이와 유사한 방법으로 실명이 확인된 계좌에 보유하고 있는 재산은 명의자가 그 재산을 취득한 것으로 추정하여 제1항을 적용한다.

먼저 상증세법 제45조 제4항이 없던 때로 돌아가 보죠. 과거 일부 법원은 부부 사이의 송금도 사실상 증여로 추정된다고 보았습니다. 하지만 대법원은 부부관계의 특수성을 고려할 때 부부 사이의 송금은 증여 외에도 가족을 위한 생활비 지급, 배우자 자금의 관리 등 여러 원인이 있을 수 있으므로 증여로 사실상 추정되지 않는다고 보았습니다(대법원 2015. 9. 10. 선고 2015두41937 판결).

세무서장은 상철이 아내에게 20억원을 송금한 원인이 증여라는 증거를 제출하지 못하면, 상철이 제기한 조세소송에서 패소하게 되죠.

부부간 송금과 취득자금 증여 추정

하지만 아내가 20억원 중 15억원으로 부산 부동산을 매수한 때에는 이야기가 달라집니다. 부부의 일방이 혼인 중 그 명의로 취득한 재산은 그 명의자의 재산으로 추정되므로(민법 제830조 제1항), 부산 아파트는 아내의 재산으로 추정됩니다.

아내가 부산 아파트를 취득했다고 인정되면 앞서 본 상증세법 제45조 제1항에 의해, 아내는 상철로부터 부산 아파트 매수자금 15억원을 증여받은 것으로 추정됩니다. 아내가 상철로부터 15억원을 증여받지 않았다는 사실, 예컨대 상철로부터 15억원을 빌렸다는 증거를 제시하지 못하면 아내는 증여세를 납부해야 합니다.

부부간 송금과 증여세 부과 여부

요약하면 상철이 아내에게 보낸 돈에 대해 세무서장이 증여한 사실을 인정할 수 있는 증거를 확보했다면 증여세가 부과됩니다.

그러한 증거가 없다면, 상철이 아내에게 돈을 송금만 한 단계에서는 증여로 추정되지 않아 증여세가 부과되지 않습니다. 다만 아내가 그 돈으로 부동산을 매수하면 상증세법 제45조 제1항에 의해 매수자금을 증여받은 것으로 추정되어 증여세가 부과될 수 있습니다.

 그렇다면 상증세법 제45조 제4항이 신설된 지금은 무엇이 달라졌을까요? 상증세법 제45조 제4항은 예금주가 실명 확인이 된 계좌로 돈을 받으면, 그 돈을 취득한 것으로 추정하는 규정입니다. 부부 간 송금을 증여로 보기 어려운 이유 중 하나는 부부가 서로의 계좌를 자신의 것처럼 사용하는 경우가 많아 단순히 남편이 아내 명의의 계좌로 큰 돈을 송금했어도 아내가 그 돈을 실질적으로 취득했다고 보기 어렵기 때문이죠.

 하지만 위 규정에 의하면, 남편이 아내에게 돈을 송금하면 아내가 그 돈을 취득한 것으로 추정됩니다. 그러면 앞서 본 부동산 취득의 경우와 같이 남편이 아내에게 그 돈을 증여한 것으로 추정할 수 있습니다.

 하지만 이는 가족관계의 특수성을 고려할 때 현실적으로 부당한 측면이 있습니다. 이러한 점을 고려하여 현재 법원 실무는 상증세법 제45조 제4항에 따라 부부 사이의 송금을 증여로 추정하면서도 부부관계의 특수성을 고려하여 증여 추정의 번복을 다소 쉽게 인정하는 경향이 있습니다. 이는 상증세법 제45조 제1항에 따른 추정, 즉 아내가 자신 명의로 부동산을 취득한 경우에 증여 추정 번복을 쉽게 인정하지 않는 법원 실무와는 다른 점이죠.

다만 증여 추정의 번복 여부는 기본적으로 사실심 법원의 전권인 사실인정의 문제이기 때문에 재판부나 사건의 내용에 따라 결론이 달라질 수 있고 아직 대법원의 명시적 판단이 없음에 주의해야 합니다.

아내는 증여세를 낼까

처음 사례를 볼까요. 아내는 남편 상철로부터 20억원을 자신의 계좌로 받았으므로, 상증세법 제45조 제4항에 의해 20억원을 취득하여 증여받은 것으로 추정됩니다.

하지만 아내가 돈을 송금 받은 경위를 밝히면 증여 추정이 깨질 가능성이 높으므로 송금 받은 20억원에 대한 증여세는 내지 않게 될 가능성이 큽니다. 다만 부산 아파트 취득과 관련해서는 상증세법 제45조 제1항에 따라 상철로부터 그 취득자금 15억원을 증여 받은 것으로 추정되고, 그 추정을 번복할 수 있는 특별한 증거가 없는 한 부산 아파트 취득자금 15억원에 대한 증여세에 대한 부분은 패소할 가능성이 큽니다.

부부간 증여 추정에 관한 판결

대법원 2015. 9. 10. 선고 2015두41937 판결 ─────

부부 사이에서 일방 배우자 명의의 예금이 인출되어 타방 배우자 명의의 예금계좌로 입금되는 경우에는 증여 외에도 단순한 공동생활의 편의, 일방 배우자 자금의 위탁 관리, 가족을 위한 생활비 지급 등 여러 원인이 있을 수 있으므로, 그와 같은 예금의 인출 및 입금사실이 밝혀졌다는 사정만으로 경험칙에 비추어 해당 예금이 타방 배우자에게 증여되었다는 과세요건사실이 추정된다고 할 수 없다.

원심이 들고 있는 대법원 2001. 11. 13. 선고 99두4082 판결은 사안이 달라 이 사건에 원용하기에 적절하지 않다.

법원은 사회통념상 친밀한 관계에 있는 사람 사이에 금전이체가 있으면 그 예금이 증여된 것으로 사실상 추정해왔습니다. 금전을 받은 사람이 증여 외의 다른 목적에서 금전이체가 이루어졌음을 증명해야 했죠. 위 사건에서는 그러한 추정의 법리가 부부 사이에도 적용할 수 있는지 문제되었죠.

대법원은 부부관계의 특수성 등을 이유로 부부 사이에서는 위 증여 추정의 법리가 적용되지 않는다고 보았습니다. 이후 위 대법원 판결은 부부 사이에 증여세가 문제된 사건에서 납세자에게 큰 방패가 되었습니다. 법원은 다수의 사건에서 위 판례 법리를 근거로 남편이 아내에게 송금한 돈을 증여라고 본 과세관청의 판단이 잘못되었다고 판단했습니다.

위 법리가 상증세법 제45조 제4항이 신설 이후의 사건에도 그대로 적용될 수 있는지에 대해서는 논란이 있지만, 법원은 여러 이유에서 남편이 아내에게 돈이 지급되었고, 그 돈이 계좌에 그대로 있는 상황에서는 남편이 그 돈을 아내에게 증여했다고 쉽게 인정하지 않습니다. 심지어 상증세법 제45조 제4항을 적용하지 않은 채 대법원 2015두41937 판결을 근거로 남편이 아내에게 금전을 증여했다고 보기 어렵다고 판단한 판결도 있습니다(서울고등법원 2017. 12. 19. 선고 2017누64912 판결 등). 아직 대법원의 명시적 판단이 없지만, 적어도 부부 사이에는 상증세법 제45조 제4항에도 불구하고 금전이체 단계에서는 증여로 쉽게 추정되지 않고, 추정되더라도 그 불복을 쉽게 인정하는 것이 현재 법원의 실무입니다.

2장
배우자 공제를 활용한 절세컨설팅의 함정

들어가며: 배우자 공제란?

증여세는 기본적으로 과세표준에 세율을 곱해 계산합니다. 증여세율은 과세표준에 따라 10%에서 50%까지 늘어나죠. 때문에 증여세 계산의 핵심은 "과세표준이 얼마냐"입니다. 증여세 과세표준은 총 증여재산에서 비과세 재산과 각종 공제액을 차감해 계산하는데, 배우자에게 증여하는 때에는 10년간 6억원까지, 미성년자인 자녀에게 증여하는 때에는 10년간 2,000만원까지 공제가 가능합니다.

남편이 아내에게 7억원을 증여했다고 생각해봅시다. 배우자 공제 등이 없다면, 과세표준은 그대로 7억원이고, 그에 따른 증여세는 1억 5,000만원(= 과세표준 7억원 × 세율 30% − 누진공제액 6,000만원)입니다. 반면 배우자 공제 6억원을 적용하면, 과세표준은 1억원(= 7억원

－ 배우자 공제 6억원)이 되고, 증여세는 1,000만원(= 과세표준 1억원 ×
세율 10% - 누진공제액 0원)으로 줄어듭니다.

이처럼 배우자 공제는 세부담을 줄이는 강력한 절세 수단입니다. 시중에는 사전 증여와 배우자 공제 등을 활용한 여러 절세 컨설팅이 존재하죠. 하지만 과도한 절세컨설팅에는 큰 위험이 있습니다. 이번 장에서는 배우자 공제와 관련한 절세컨설팅에 대해 살펴봅시다.

배우자 공제와 증여세

부부인 철수와 영희는 비상장회사인 주식회사 중소전자의 주식을 각자 주당 1만원에 1,000주씩 매수했다. 얼마 뒤 중소전자가 배터리 관련 신기술을 개발했다는 소문이 퍼졌고 중소전자의 주가는 50만원으로 폭등했다. 철수와 영희는 중소전자 주식을 모두 팔고 싶었지만, 도합 2억원에 이르는 양도소득세를 내기가 아까웠다. 절세 방안을 찾던 중 합법적인 방법으로 세금을 내지 않게 해준다는 택스 컨설턴트를 소개받았다. 택스 컨설턴트는 철수와 영희에게 서로 상대방에게 주식을 증여한 후 증여받은 주식을 양도하면 양도소득세뿐만 아니라 증여세도 내지 않는다고 알려주었다.

철수와 영희는 2020년경 절세컨설팅에 따라 서로에게 중소전자 주식을 증여한 후 각자 증여받은 주식을 5억원에 양도했다. 그리고 세무서에 양도차익이 없다며 양도소득세를 0원으로 신고했다. 하지만 몇 년 후 세무서는 철수와 영희에게 약 2억원의 양도소득세와 5,000만원의 가산세를 부과했다.

절세컨설팅의 위험성

많은 사람들이 세금을 적게 낼 수 있는 방법을 찾습니다. 변호사, 회계사, 세무사 등 전문가로부터 조언을 받죠. 세금을 극단적으로 줄일 수 있는 절세컨설팅을 찾는 사람도 있습니다. 과거 절세컨설팅이 큰 힘을 발휘하던 때가 있었습니다. 지금도 적절한 절세컨설팅을 통해 상당한 절세 효과를 볼 수 있죠. 하지만 과도한 절세를 막는 여러 입법이 이루어짐에 따라 이제는 세금을 극적으로 줄이는 절세컨설팅은 대부분 큰 위험을 갖게 되었습니다.

배우자 공제와 절세컨설팅

절세컨설팅이란 무엇일까요? 한때 유행했던 부부간 증여재산 공제를 활용하는 절세컨설팅이 대표적입니다. 증여를 받으면 증여세를 내야 합니다. 하지만 배우자로부터 받는 증여에 대해서는 10년간 6억원까지 증여세를 내지 않습니다. 앞 사례를 보죠. 철수가 1,000만원에 취득한 중소전자 주식을 5억원에 양도하면, 4억 9,000만원의 양도차익이 발생합니다. 중소기업이 아닌 비상장법인의 주식 양도에 대해서는 20%의 양도소득세가 부과됩니다. 중소전자 주식의 양도로 4억 9,000만원의 양도차익이 발생하였으므로 약 1억원의 양도소득세를 납부해야 합니다. 영희 역시 약 1억원의 양도소득세를 내야 하죠.

하지만 배우자 증여재산 공제를 활용하면 이야기가 달라집니다. 철수가 영희에게 시가 5억원의 중소전자 주식을 증여하더라도 배우자 간 증여재산 공제 때문에 영희는 증여세를 내지 않습니다. 과세표준이 0원(= 증여재산 가액 5억원 − 배우자 공제 5억원)이기 때문이죠.

영희는 철수로부터 증여받은 중소전자 주식을 곧바로 5억원에 양도하더라도 양도소득세를 내지 않습니다. 양도소득세는 기본적으로 양도가액에서 취득가액과 필요경비를 뺀 양도차익에 대해 부과되는데, 영희는 5억원에 취득한 주식을 5억원에 양도한 것이어서 양도차익이 0원(= 양도가액 5억원 − 취득가액 5억원)이기 때문이죠. 철수 역시 영희로부터 중소전자 주식을 증여받아 양도하면 증여세나 양도소득세를 모두 내지 않습니다. 철수와 영희 부부는 증여라는 손쉬운 방법을 통해 2억원의 양도소득세를 아낀 것이죠.

배우자 공제 활용을 막기 위한 특별규정

위와 같은 세금 회피가 허용될까요? 사실 현행 소득세법은 위와 같은 부부간 증여재산 공제를 활용한 절세를 막기 위해 여러 특별규정을 두고 있습니다. 먼저 소득세법 제97조의 2를 볼까요?

소득세법

제97조의2(양도소득의 필요경비 계산 특례)

① 거주자가 양도일부터 소급하여 10년(주식등은 1년) 이내에 그 배우지(…) 또는 …로부터 증여받은 … 토지 …의 양도차익을 계산할 때 양도가액에서 공제할 필요경비는 … 다음 각 호의 기준을 적용한다.

1. 취득가액은 거주자의 배우자가 … 해당 자산을 취득할 당시의 … 금액으로 한다.

법조문은 복잡하지만 간단히 말하면 양도인이 배우자로부터 부동산 관련 자산을 증여받은 후 10년 내(주식등은 1년)에 그 자산을 양도하면, 배우자가 취득한 가격을 취득가액으로 본다는 뜻입니다. 뒤에서 살펴보겠지만 위 조항은 2025. 1. 이전에는 주식에 대해서는 적용되지 않았습니다. 철수가 영희에게 증여한 재산이 주식이 아니라 부동산이었다면, 영희는 위 조항에 의해 그 부동산을 양도할 때 부동산을 5억원이 아니라 1,000만원에 취득한 것으로 취급됩니다. 철수가 증여 없이 바로 양도한 경우와 별반 차이가 없게 되죠. 또한 소득세법 제101조 제2항은 부동산 이외 자산의 경우에도 양도소득이 배우자에게 귀속된 것으로 볼 수 있으면, 배우자가 그 자산을 직접 양도한 것으로 본다고 정하고 있습니다.

절세컨설팅과 실질과세의 원칙

소득세법 제97조의 2, 제101조 제2항이 적용되지 않으면 양도소득세를 납부하지 않아도 될까요? 부동산이 아닌 주식을 대상으로 하고, 그 양도소득을 양도인이 그대로 보유한다면 어떨까요?

국세기본법

제14조(실질과세)

③ 제3자를 통한 간접적인 방법이나 둘 이상의 행위 또는 거래를 거치는 방법으로 이 법 또는 세법의 혜택을 부당하게 받기 위한 것으로 인정되는 경우에는 그 경제적 실질 내용에 따라 당사자가 직접 거래를 한 것으로 보거나 연속된 하나의 행위 또는 거래를 한 것으로 보아 이 법 또는 세법을 적용한다.

국세기본법 제14조 제3항은 세법의 혜택을 부당하게 받기 위해 불필요한 행위를 하였다면, 불필요한 행위가 없는 것으로 볼 수 있다고 정하고 있습니다. 소득세법 제101조 제1항 역시 이와 유사한 규정을 두고 있죠. 철수와 영희는 양도소득세를 내지 않기 위해 증여 후 양도라는 법적 형식을 취하였습니다. 하지만 증여가 세법의 혜택을 부당하게 받기 위한 불필요한 행위라고 인정되면, 철수나 영희가 증여 없이 바로 주식을 양도한 것으로 보고 양도소득세가 부과될 수 있습니다. 실제 사건에서 절세컨설팅을 받은 부부가 사례와 유사하게 서로에게 주식을 증여한 후 주식을 양도하였지만, 세무서는 부부가 조세 부담을 부당하게 감소시키는 조세 회피 행위를 하였다고 보아 양도소득세뿐만 아니라 고액의 가산세를 부과했죠. 법원 역시 세무서의 조세 부과가 정당하다고 판단했습니다(서울고등법원 2022. 8. 17. 선고 2021누71221 판결).

사실 어떤 행위가 '조세 부담을 부당하게 감소시키는 불필요한 행위'인지는 명확하지 않습니다. 때문에 국세기본법 제14조 제3항이 국가에 지나치게 많은 재량을 부여하였다는 비판이 있습니다. 하지만 오로지 조세 회피만을 목적으로 행하는 조세 회피 행위는 일반 납세자와의 형평상 허용하기 어렵습니다. 조세 회피만을 목적으로 한 과도한 조세컨설팅은 처음에는 그럴듯해 보이지만, 결과적으로 실패할 가능성이 크다는 점을 기억할 필요가 있습니다.

배우자 공제를 활용한 절세에 대응한 입법과 판결

앞서 본 것처럼 과거 소득세법 제97조의2는 배우자에 대한 증여를 통해 양도소득세 누진세율의 적용 등의 회피를 막기 위해 배우자에게 부동산, 회원권 등을 증여하고 배우자가 이를 양도한 때에 배우자의 취득가액을 증여자의 취득가액으로 산정한다는 규정을 두고 있었습니다. 문제는 주식에 대해서는 소득세법 제97조의2가 적용되지 않아 사례처럼 배우자에 대한 주식 증여를 통해 세금을 줄이려는 시도가 다수 있었습니다.

특히 의제배당소득에 관한 사건이 많습니다. 주식소각 등으로 주주가 받는 금전 등이 그 주주가 주식을 취득하기 위하여 사용한 금액을 초과하면, 이를 의제배당으로 보아 소득세를 과세합니다(소득세법 제17조 제2항 제1호). 남편이 1억원에 취득한 회사 주식을 회사에 6억원에 양도하였고, 회사가 그 주식을 소각하면 5억원이 의제배당소득으로 과세됩니다. 반면 남편이 그 주식을 아내에게 양도하면 배우자 증여공제(한도 6억원)로 증여세를 내지 않고, 6억원에 취득한 주식을 6억원에 양도한 것이 되어 의제배당소득도 0원이 됩니다.

과세관청은 국세기본법 제14조 제3항을 적용하여 '배우자 주식 증여 후 소각거래'를 '주식소각 후 현금증여'로 재구성할 수 있다고 보았습니다. 그렇게 되면 아내가 증여세를 내지 않는 것은 동일하지만, 남편은 의제배당소득 5억원에 대한 소득세를 내야합니다.

이에 대한 법원 판결은 사건 별로 다릅니다. 과세관청의 재구성을 적법하다고 본 판결도 있고, 부당하다고 본 판결도 있습니다. 현재 법원 실무는 아래 대법원 판결이 설시한 법리에 따라 판단하고 있지만, 결국 여러 사정을 종합해서 판단하라는 것이기에 납세자 입장에서 그 결과를 예측하기는 어렵습니다.

대법원 2022. 8. 25. 선고 2017두41313 판결

… 국세기본법 제14조 제3항을 적용하여 거래 등의 실질에 따라 과세하기 위해서는 납세의무자가 선택한 행위 또는 거래의 형식이나 과정이 처음부터 조세회피의 목적을 이루기 위한 수단에 불과하여 그 실질이 직접 거래를 하거나 연속된 하나의 행위 또는 거래를 한 것과 동일하게 평가될 수 있어야 한다. 그리고 이는 당사자가 그와 같은 형식을 취한 목적, 제3자를 개입시키거나 단계별 과정을 거친 경위, 그와 같은 방식을 취한 데에 조세부담의 경감 외에 사업상의 필요 등 다른 합리적 이유가 있는지 여부, 각각의 행위 또는 거래 사이의 시간적 간격 및 그와 같은 형식을 취한 데 따른 손실과 위험부담의 가능성 등 제반 사정을 종합하여 판단하여야 한다. …

3장
절세를 위해 이혼을 한다고?

들어가며: 부부별산제와 재산분할

남편이 회사에서 받은 월급을 모아 저축했다면, 그 예금은 누구의 재산일까요? 나라마다 다릅니다. 미국 캘리포니아 주는 부부가 혼인 중에 얻은 소득과 재산을 원칙적으로 공동재산으로 봅니다. 반면, 우리 민법은 별도의 약정이 없는 한 각자가 자신의 명의로 취득한 재산을 그 사람의 고유재산이라고 정하고 있죠.

그렇다고 남편 명의 재산에 아내의 몫이 전혀 없다고 보면 부당한 일이 생길 수 있습니다. 남편이 회사를 다니고, 아내가 가사와 육아에 전념하는 가정을 생각해보세요. 부부 사이가 좋을 때야 문제가 없지만, 이혼하게 되면 전업주부였던 아내는 아무런 재산 없이 내쫓길 수 있습니다. 남편이 직장 생활에 전념할 수 있었던 데에는 아내의 가사노동과 육아 등의 기여가 있었음에도 말이죠.

　이 문제를 해결하기 위해 1990년에 재산분할청구권이 도입되었습니다. 이는 이혼할 때 한쪽 배우자가 상대방에게 재산의 분할을 청구할 수 있는 권리입니다. 대법원과 헌법재판소는 이혼에 따른 재산분할을 혼인 중 쌍방의 협력으로 형성된 공동재산을 청산하고, 상대방에 대한 일정한 부양의 의미가 담긴 제도로 보고 있습니다.

　남편 명의의 재산이라도 부부가 함께 이룬 것이라면 재산분할청구권과 무관하게 혼인 중에도 아내가 남편에게 자신의 몫을 요구할 수 있어야 하지 않을까요? 하지만 실제 소송에서 아내가 개별 재산에 대한 구체적 기여를 증명하기는 어렵습니다. 재산분할청구권은 배우자가 그런 개별 증명 없이도 법원이 여러 사정을 고려해 재산을 공평하게 나누는 제도입니다.

　부부별산제 아래에서 혼인 중 남편이 아내에게 재산을 이전하면 증여로 인정되어 증여세가 부과될 수 있습니다. 이혼하면서 재산분할로 받으면 어떨까요? 공동으로 형성한 재산의 분할을 강조하면 적어도 증여세를 부과할 수는 없겠죠. 혼인 중에 받으면 증여세를 내지만, 이혼하면서 받으면 증여세를 내지 않는다? 조금 어색하죠? 그럼 재산분할과 관련된 세금 문제를 살펴볼까요?

재산분할과 세금

철수는 배우자와 사별 후 홀로 네 자녀를 키우며 큰 재산을 일궜다. 철수는 자녀가 모두 성년이 된 후 영희를 만나 재혼했다. 재혼 30주년이 되는 날 철수는 자신이 암 말기라는 사실을 알게 되었다. 직장을 다니는 자녀들과 달리 영희에게는 경제력이 없었다. 고민 끝에 철수는 영희와 이혼을 하고 영희에게 전 재산 100억원 중 절반인 50억원을 재산분할 명목으로 주었다. 영희는 이혼 후에도 철수와 함께 살며 마지막까지 병간호를 도맡았다. 약 1년 후 철수는 사망했다.

몇 년 후 과세관청은 영희가 철수 사망 직전에 가장이혼을 통해 50억원을 증여받았다며 영희에게 증여세 약 20억원을 부과하였다.

절세를 위한 이혼?

뉴스를 통해 세금을 피하기 위해 이혼을 고민하는 부부의 사연을 접할 때가 있습니다. 실무상 오로지 절세 목적에서 이혼하는 부부는 보기 어렵습니다. 반면 사례와 같이 남편에게 전처소생의 자녀가 다수 있을 때 아내가 남편의 사망 직전 남편과 이혼하고 재산분할을 받는 경우는 적지 않습니다. 상속분쟁을 피하면서 상속세도 내지 않기 때문이죠.

위자료와 세금

상속세는 상속을 원인으로 재산을 취득해야 부과됩니다. 이혼에 따른 재산분할에는 당연히 상속세가 부과되지 않겠죠. 그럼 어떤 세금이 부과될까요?

남편 명의로만 재산을 보유하던 부부가 남편의 외도로 이혼하였다고 가정하여보죠. 아내는 외도를 한 남편을 상대로 재산분할청구권과 위자료청구권을 갖습니다. 아내가 남편으로부터 위자료로 현금 1억원을 받았다면, 아내는 세금을 낼까요? 위자료는 불법행위로 인한 손해배상금이어서 소득세법상 과세소득에 해당하지 않아 소득세가 부과되지 않습니다. 무상으로 재산을 취득한 것이 아니기에 증여세 역시 낼 필요가 없습니다. 남편 역시 아무런 세금을 내지 않습니다.

만약 아내가 남편으로부터 위자료로 현금이 아닌 부동산을 받았다면 어떨까요? 같은 이유로 아내는 소득세나 증여세를 내지 않습니다. 반면 남편에게는 양도소득세가 부과될 수 있습니다. 위자료는 원칙적으로 돈으로 지급해야 합니다. 남편은 부동산을 팔아 그 매각대금으로 위자료를 지급한 것으로 취급됩니다.

재산분할과 세금

아내가 남편으로부터 재산분할로 현금 20억원을 받았다면 어떨까요? 이혼으로 인한 재산분할청구권이란 당사자 일방이 다른 일방에 대하여 혼인 중에 공동으로 이룩한 재산의 분할을 청구하는 권리입니다.

> **민법**
> **제839조의2(재산분할청구권)**
> ① 협의상 이혼한 자의 일방은 다른 일방에 대하여 재산분할을 청구할 수 있다.
> ② 제1항의 재산분할에 관하여 협의가 되지 아니하거나 협의할 수 없는 때에는 가정법원은 당사자의 청구에 의하여 당사자 쌍방의 협력으로 이룩한 재산의 액수 기타 사정을 참작하여 분할의 액수와 방법을 정한다.
> ③ 제1항의 재산분할청구권은 이혼한 날부터 2년을 경과한 때에는 소멸한다.

민법 제839조의2는 협의상 이혼한 경우의 재산분할에 대해서만 정하고 있지만, 재판상 이혼의 경우에도 민법 제839조의2가 그대로 준용되기 때문에 재판상 이혼의 경우에도 재산분할청구권의 요건이나 효과는 동일합니다. 과거 구 상속세법은 이혼으로 인한 재산분할로 취득하는 재산도 상속과 동일하게 배우자인적공제액을 초과한 금액에 대해서는 증여세를 부과했습니다. 하지만 헌법재판소에서 위헌결정을 받았죠. 이후 이혼으로 인한 재산분할은 쌍방의 협력으로 형성된 공동재산을 청산하는 것으로 보아 증여세가 과세되지 않습니다.

그렇다면 아내는 소득세를 낼까요? 아내는 남편 명의로 되어 있던 재산 중 원래 자기 몫을 찾아온 것이기에 소득세 또한 내지 않습니다. 남편 역시 세금을 내지 않습니다. 만약 아내가 재산분할로 현금이 아니라 시가 20억원의 부동산을 받았다면 어떨까요? 같은 이유로 아내는 소득세나 증여세를 내지 않습니다. 그리고 재산분할은 공유물분할의 성격을 갖기 때문에 위자료와 달리 남편 역시 원칙적으로 양도소득세를 내지 않습니다.

영희는 세금을 내야할까?

처음 사례를 봅시다. 철수에게는 자녀가 4명이 있어 배우자인 영희의 상속분은 3/11에 불과합니다. 이혼하지 않은 상태에서 철수가 사망하면 영희는 적은 몫의 재산만 상속받을 뿐 아니라 상당한 상속세를 부담해야 합니다. 반면 이혼을 하면 상황이 달라집니다. 재산분할로 약 절반의 재산을 받을 수 있고, 세금도 내지 않습니다. 철수와 이혼을 하고 재산분할을 받는 것이 유리한 이유이죠.

그런데 영희와 철수의 이혼에 문제는 없을까요? 영희는 철수와 이혼한 후에도 철수와 동거하여 철수를 간호했습니다. 그렇다면 가장이혼으로 무효는 아닐까요? 부부가 이혼신고를 했지만 실제로 혼인생활을 마칠 의사가 없다고 인정되면, 그 이혼은 무효가 될 수 있고, 심지어 부부가 공정증서원본불실기재죄로 형사처벌까지 받을 수 있습니다. 다만 법원은 협의이혼이 가정법원의 확인을 거치는 점을 중시해 극히 예외적인 경우 외에는 혼인생활을 일시적으로라도 폐기할 의사가 있었다고 보아 이혼을 유효하다고 판단하고 있습니다(대법원 1996. 11. 22. 선고 96도2049 판결). 조세부담을 회피하기 위한 목적에서 이혼을 한 것으로 의심되고, 이혼 후 사실혼 관계를 유지하더라도 가장이혼으로 보기 어렵다고 본 판결이 여럿 있습니다. 이러한 판결 경향에 의하면 철수와 영희의 이혼은 유효하고 결론적으로 과세관청의 증여세 부과는 위법하다고 판단될 가능성이 큽니다.

주의할 점이 있습니다. 과세관청이 아니라 철수의 자녀들이 이혼의 무효를 주장하는 사건에서는 이혼이 무효로 인정되는 사례가 종종 있습니다. 왜일까요? 이혼이 무효라는 점에 대한 증명책임은 이를 주장하는 측에게 있습니다. 과세관청은 부부의 사적 생활에 대한 증거를 확보하기가 현실적으로 어렵습니다. 반면 자녀들은 부부의 실제 관계를 더 가까이에서 지켜봤기 때문에 이혼이 형식적으로 이루어졌다는 사실에 관한 증거를 확보할 가능성이 더 크기 때문이죠.

과도한 재산분할과 증여세

만약 영희가 철수로부터 재산분할 명목으로 철수의 재산 100억원 중 90억원을 받았다면 어떨까요? 대법원은 재산분할이 상당성을 결여하여 지나치게 과대하고 조세회피의 수단에 불과하여 그 실질이 증여라고 평가할 만한 특별한 사정이 있는 경우에는 그 상당한 부분을 초과하는 부분에 대해 증여세가 부과될 수 있다고 보고 있습니다(대법원 2017. 9. 12. 선고 2016두58901 판결). 영희가 별다른 경제활동을 하지 않은 점을 고려하면 재산분할의 상당한 범위는 50%를 넘는다고 보기 어렵죠. 따라서 철수가 영희에게 재산분할로 90억원을 주었다면, 영희에게 40억원에 대한 증여세가 부과될 가능성이 있지만, 증여세 부과를 할 수 없을 수 있죠. 이에 대해서는 실무상 복잡한 논의가 있습니다. 조세불복 실무노트에서 함께 살펴봅시다.

재산분할과 증여세에 관한 판결

대법원 2017. 9. 12. 선고 2016두58901 판결 ──────

법률상의 부부관계를 해소하려는 당사자 간의 합의에 따라 이혼이 성립한 경우 그 이혼에 다른 목적이 있다 하더라도 당사자 간에 이혼의 의사가 없다고 말할 수 없고, 이혼이 가장이혼으로서 무효가 되려면 누구나 납득할 만한 특별한 사정이 인정되어야 한다. 그리고 이혼에 따른 재산분할은 부부가 혼인 중에 취득한 실질적인 공동재산을 청산·분배하는 것을 주된 목적으로 하는 제도로서 재산의 무상이전으로 볼 수 없으므로 그 이혼이 가장이혼으로서 무효가 아닌 이상 원칙적으로 증여세 과세대상이 되지 않는다. 다만 민법 제839조의2 제2항의 규정 취지에 반하여 상당하다고 할 수 없을 정도로 과대하고 상속세나 증여세 등 조세를 회피하기 위한 수단에 불과하여 그 실질이 증여라고 평가할 만한 특별한 사정이 있는 경우에는 그 상당한 부분을 초과하는 부분에 한하여 증여세 과세대상이 될 수 있다.

──────────────────────────────

유효한 이혼에 기해 재산분할을 받았다면 증여세를 내지 않을까요?

일반적으로 이혼 시의 재산분할은 각자의 기여도에 따른 정당한 분배로 보기 때문에, 이를 '무상으로 받은 재산', 즉 증여로 취득한 재산으로 보지 않습니다. 그래서 원칙적으로 재산분할로 받은 재산에는 증여세가 부과되지 않습니다.

하지만 자신의 기여에 비해 지나치게 많은 재산을 받았다면 어떨까요? 과다한 부분에 대해서는 증여세를 과세해야 한다는 주장이 있습니다. 그렇지만 과세관청이 단순히 상당한 범위를 초과하는 재산분할이 있었다는 사실만 증명해서는 증여세를 과세할 수 없습니다. 국세기본법 제14조 제3항의 실질과세원칙을 적용하기 위해서는 무엇보다 '조세의 부담을 회피할 목적'이 인정되어야 합니다(대법원 2012. 1. 19. 선고 2008두8499 전원합의체 판결). 과세관청은 조세회피목적까지 입증해야 증여세를 과세할 수 있는 것이죠.

위 대법원 2016두58901 판결 역시 같은 취지입니다. 상당하다고 할 수 없을 정도로 과대한 재산분할을 받았다는 점에 더하여 조세의 부담을 회피할 목적까지 인정되어야 과다한 부분에 대해 증여세가 과세될 수 있다는 것이죠.

앞서 본 사례에서 영희가 재산분할로 90억원을 받았다면 조세회피목적을 인정할 수 있을까요? 이 부분은 불분명한 면이 있습니다. 영희가 철수로부터 과다한 재산분할을 받은 주된 이유는 상속세를 줄이기 위해서라기보다 전처의 자녀들보다 더 많은 몫을 확보하기 위해서였다고 볼 여지가 큽니다. 조세가 주된 이유라고 보기 어렵죠.

사실 이 부분 쟁점에 대해서는 아직 명확한 대법원 판결이 없어 결론을 단정하기 어렵습니다. 더욱이 '조세의 부담을 회피할 목적'이 있었는지 여부는 법원이 여러 사정을 종합하여 판단하는 사실인정의 문제에 가까워 일률적으로 기준을 제시하기도 어렵죠. 판례의 추이에 관심을 가질 이유입니다.

4장
아버지와 주인전세 계약을 체결했다고 취득세율이 12%?

들어가며: 취득세란

집을 사거나 자동차를 구입할 때 어김없이 따라붙는 세금이 있습니다. 바로 '취득세'입니다. 취득세는 지방세로 지방자치단체의 주요 재원 중 하나입니다.

취득세는 취득가액에 세율을 곱해 산정합니다. 계산 방식 자체는 단순하지만, 실무에서 취득세 계산은 쉽지 않습니다. 일단 세율이 복잡합니다. 재산의 종류, 취득 경위, 취득자의 상황 등에 따라 세율이 달라집니다. 특히 주택은 가격이나 면적, 고급주택 여부, 유상취득 여부, 취득자가 법인인지, 그 외에 취득자의 보유 주택 수 등에 따라 세율이 1%에서 많게는 20%까지 달라집니다. 여기에 지방교육세, 농어촌특별세까지 더하면 더 복잡해지죠.

　사실 취득세율은 부동산 가격 안정 등 다양한 이유에서 그때그때 달라졌기 때문에 법령을 직접 확인하지 않고는 구체적 세율을 짐작하기조차 어렵습니다. 이처럼 지방세법은 여러 요소를 반영해 취득세율을 달리 적용해왔습니다. 그 때문에 과거부터 다양한 절세 또는 탈세 시도가 있었죠. 이를 막기 위해 지방세법은 다시 여러 특례규정을 만들었습니다. 그런데 이 과정에서 일부 납세자에게 예상치 않은 과도한 세금이 부과되는 사례가 생겨났습니다.

　다음 글에서는 살펴볼 가족 간 주인전세계약을 통한 주택 취득과 취득세율이 그 사례 중 하나입니다.

부동산 취득유형과 취득세율

다주택자인 김철수는 조정대상지역인 서초구에 시가 30억원인 아파트를 소유하고 있었다. 김철수는 종합부동산세를 고려하여 무주택자인 아들에게 서초구 아파트를 매도하기로 마음먹었다. 하지만 아들이 대출 등을 통해 마련할 수 있는 자금은 최대 10억원이었다. 그렇다고 서초구 아파트를 증여하기에는 증여세가 아까웠다. 김철수는 고심 끝에 아들에게 서초구 아파트를 30억원에 매도하는 매매계약을 체결하고, 곧바로 아들로부터 서초구 아파트를 임대차보증금 20억원에 임차하는 임대차계약을 체결하였다. 김철수는 아들과 임대차보증금 20억원과 매매대금 중 20억원을 서로 상계하기로 한 후 아들로부터 10억원만 받고 아들에게 소유권이전등기에 필요한 서류를 모두 넘겨주었다. 아들은 서초구 아파트를 30억원에 유상으로 취득하였다고 보아 3.5%의 취득세율을 적용하여 취득세로 1억500만원을 납부했다. 그런데 서초구청은 현금으로 지급한 10억원 부분은 유상취득이 맞지만, 임대차보증금 20억원 부분은 김철수로부터 증여받은 것이라며 12%의 중과세율을 적용하여 아들에게 납부해야 할 취득세가 총 2억7,500만원이라는 통보를 하였다.

취득유형과 취득세율

부동산을 취득하면 취득세를 내야 합니다. 부동산 취득세는 부동산의 매매가격 등 지방세법이 정하는 과세표준에 세율을 곱하는 단순한 방식으로 계산됩니다. 지방세법은 취득의 원인이 매매나 교환과 같은 유상취득인지, 아니면 증여와 같은 무상취득인지에 따라 세율을 달리 정하고 있습니다. 주택을 살펴볼까요? 매매와 같은 유상취득의 세율은 증여와 같은 무상취득의 세율보다 낮습니다. 예를 들어 무주택자가 시가 6억원인 주택을 매수하는 때에는 취득세율이 1%여서 취득세로 600만원만 납부하면 되지만, 그 주택을 증여받는 경우에는 취득세율이 3.5%여서 취득세로 2,100만원을 납부해야 합니다. 특히 다주택자가 조정대상지역의 공시지가 3억원 이상의 주택을 증여하는 경우에는 취득자가 무주택자라도 원칙적으로 취득세율이 무려 12%에 이르죠.

탈세를 위한 가장계약과 특례규정 신설

이러한 취득세율의 차이 때문에 오래전부터 실질적으로 증여계약을 체결하였음에도 형식상 매매계약을 체결하여 취득세를 탈세하는 사례가 적지 않았습니다. 이에 국회는 2014. 1. 1. 배우자 또는 직계존비속의 부동산을 취득하는 경우에는 원칙적으로 증여로 취득한 것으로 본다는 지방세법 제7조 제11항(특례규정)을 신설하였습니다.

특례규정에 의하면, 아들은 아버지로부터 주택을 매수하였어도 아버지에게 자신의 재산으로 그 대가를 지급한 사실을 입증하지 못하면 아버지로부터 주택을 증여받은 것으로 간주됩니다. 즉 취득세를 계산함에 있어 무상취득에 해당하는 취득세율이 적용되는 것이죠.

주인전세 계약과 특례규정

그렇다면 아버지와 아들이 사례와 같이 주인전세 계약을 체결하였다면 어떨까요? 주인전세란 집주인이 세입자로 들어가는 조건으로 실제 매매대금 규모를 줄인 거래를 의미합니다. 매수인 입장에서는 매매대금에서 임대차보증금을 뺀 차액만 지급하기 때문에 비교적 적은 돈으로 고가 주택의 소유자가 될 수 있다는 장점이 있죠. 매도인 입장에서 봐도 급매처럼 가격을 낮추지 않더라도 집을 빨리 팔 수 있고, 무엇보다 살던 집에 계속 거주할 수 있다는 장점이 있습니다. 다주택자인 아버지와 무주택자인 아들이 주인전세를 이용하는 경우에는 아버지는 다주택에 따른 세금을 줄이고, 아들은 비교적 적은 돈으로 고가의 주택을 취득한 후 1세대 1주택 관련 여러 세제상 혜택을 누릴 수 있다는 장점이 있습니다.

문제는 특례규정이 배우자 또는 직계존비속으로부터 부동산을 취득한 때에는 '취득자의 재산으로 그 대가를 지급한 사실이 입증'되지 않으면 증여로 본다고 정하고 있다는 것이죠. 처음 사례를 봅시다. 아들은 아버지인 김철수와 매매계약을 체결하면서 임대차계약을 함께 체결했습니다. 그리고 그 임대차계약을 통해 취득한 아버지에 대한 임대차보증금 채권으로 아버지의 매매대금 채권과 상계했습니다. 즉 아들은 아버지와의 임대차계약을 통해 취득한 임대차보증금 채권으로 아버지에게 매매대금을 지급한 것이죠. 이를 두고 '취득자의 재산으로 그 대가를 지급'하였다고 볼 수 있을까요? 아들이 아버지에게 자신의 재산으로 그 대가를 지급하였다고 볼 수 없다면, 아들은 특례규정에 의해 취득세로 약 1억 7,000만원을 더 내야 합니다. 아들은 취득세를 추가로 내야 할까요?

주인전세는 무상계약일까? 유상계약일까?

안타깝게도 그때그때 다르다고 이야기할 수밖에 없습니다. 우선 직계비속이 직계존속으로부터 주택을 매수한 경우에 직계비속의 소득증명이 있더라도 대금지급 사실 등이 없는 이상 임대차보증금 부분은 유상거래가 아니라는 행정안전부의 유권해석이 있습니다.

지방세운영-279 (2017. 08. 30.)

[질의요지]

직계비속이 직계존속으로부터 주택을 매수하면서 직계존속과 전세계약을 체결(세입자 : 직계존속)하여 전세보증금을 제외하고 매매대금을 지급한 경우, 전세보증금에 해당하는 금액을 유상거래로 볼 수 있는지 여부

[답변요지]

직계비속이 직계존속으로부터 주택을 매수하면서 소득증명이 있더라도 대금지급 사실 또는 채무승계 사실이 없는 이상 해당 전세보증금에 대해서는 유상거래로 볼 수 없다.

반면 조세심판원은 여러 제반사정을 종합하여 유상거래로 볼 수 있는지를 판단하고 있습니다. 주인전세를 하게 된 배경, 임대차보증금이 거래금액에서 차지하는 비중, 취득자의 향후 임대보증금 반환능력 등 여러 요소를 종합적으로 고려하고 있죠(조심2023지3537,

2024. 7. 9. 등). 법원은 조세심판원보다는 적극적으로 유상거래로 보는 경향이 있지만(서울고등법원 2023. 11. 2. 선고 2023누43909 판결 등), 아직 대법원의 명시적 판단은 없습니다. 결론적으로 과세관청보다는 조세심판원이, 조세심판원보다는 법원이 납세자에게 더 유리한 판단을 할 가능성이 크지만, 결론을 단정하기는 어렵습니다.

이처럼 조정대상지역 주택의 경우에는 취득 원인에 따라 취득세율이 크게 달라집니다. 이때 아버지와 아들이 주인전세 계약을 체결한 경우에 그 임대차보증금 부분은 무상거래로 취급될 위험이 있으므로 사전에 세무전문가의 도움을 받을 필요가 있습니다.

주인전세 계약에 관한 조세심판원 결정과 법원 판결

서울고등법원 2023. 11. 2. 선고 2023누43909 판결

… 피고는 … 상계가 '실제로 대가를 지급하였음'에 준하는 객관적 사정이 될 수 없다는 등의 취지로 주장한다.

… 상계는 민법상 변제 즉 전형적인 '대가의 지급'과 함께 채권 소멸의 원인 중 하나로 … 상계권자가 가지는 자동채권이 수동채권과 대등액의 범위 내에서 소멸한다는 '대가'가 엄연히 따른다. … 이러한 사정들을 고려하면, **상계 관련 약정이 취득세 내지 이와 관계되는 상속·증여세 면탈을 위한 편법적 증여의 방편으로 체결되었다는 등의 사정이 반증되지 않는 한,** 피고의 주장처럼 직계존비속 사이에 임차보증금 반환채권과 매매대금채권이 상계되었다는 사정만 들어 '취득자의 재산으로 그 대가를 지급'한다는 요건의 범위를 벗어난다고 볼 수는 없다.

위 서울고등법원 2023누43909 판결은 대법원에서 심리불속행 기각으로 확정되었습니다. 이 판결과 조세심판원 결정의 차이점 중 하나는 취득자인 아들에게 임대차보증금을 반환할 자력이 있는지를 중시하느냐 여부에 있습니다.

앞에서 본 사례로 돌아가볼까요? 아들은 아버지에게 매매대금

30억원을 지급해야 하고, 아버지는 아들에게 임대차보증금 20억원을 지급해야 합니다. 하지만 상계 약정을 통해 아들은 아버지로부터 임대차보증금 20억원을 받았다고 치고 아버지에게 매매대금으로 현금 10억원만 지급한 것이죠. 대산 아들은 임대차계약이 종료되면 아버지에게 임대차보증금 20억원을 반환해야 합니다.

조세심판원은 아들에게 임대차보증금 20억원을 반환할 자력이 있는지를 심리해서 자력이 없다고 판단되면 상계 약정을 통해 현실로 지급하지 않은 매매대금 20억원 부분을 실제로 대가가 지급되지 않았다고 판단하는 경향이 있습니다. 반면 앞서 본 서울고등법원 판결은 상계의 법적 성격을 중시합니다. 아들에게 임대차보증금을 반환할 자력이 있는지 여부와 관계없이 상계 약정을 통해 아버지에게 20억원의 임대차보증금반환채무를 부담하게 되었으므로 실제로 대가가 지급되었다고 볼 수 있다는 것이죠. 법리적으로만 보면 조세심판원 판단보다는 서울고등법원의 판결이 더 설득력이 있습니다. 나아가 아들은 임대차계약이 종료된 후에 다른 임차인으로부터 임대차보증금을 받아 아버지에게 20억원을 반환할 수 있으므로 임대차계약 당시 아들의 통장에 돈이 없다고 해서 아버지에게 임대차보증금을 반환할 수 없다고 단정할 수도 없습니다. 다만 앞에서 본 것처럼 이에 대해서는 아직 대법원의 명시적 판단이 없으므로 가족 간 주인전세 계약을 체결할 예정이라면, 사전에 조세전문가의 조력을 받는 것이 안전합니다.

5장
상속등기 전에 재산분할협의를 권하는 이유는?

들어가며: 상속의 법률관계

상속은 어렵습니다. 하지만 상속세를 제대로 이해하려면 먼저 상속이 어떻게 이루어지는지, 그 법률관계를 이해해야 합니다.

아버지(피상속인)가 시가 10억원의 아파트를 남기고 사망했습니다. 상속인은 아들과 딸뿐입니다. "자녀는 상속분이 같으니 5억원씩 나누면 되겠네."라고 생각할 수 있습니다. 실제로 민법은 자녀의 상속분이 같다고 정하고 있습니다. 이를 "법정상속분이 같다."고 표현합니다.

그런데 아버지가 생전에 아들에게 6억원을 미리 증여했다면 어떨까요? 우리나라 민법은 피상속인의 사망 당시 재산뿐만 아니라 피상속인이 생전에 상속인에게 증여한 재산까지 고려합니다. 10억원

상당의 아파트에 생전에 아들에게 증여한 6억원을 더한 16억원을 전체 상속재산으로 간주한 후 그 상속재산을 법정상속분인 1:1의 비율, 즉 각 8억원씩 나누어 가져야 한다는 것이죠. 다만 아들은 이미 6억원을 받았으므로 상속을 통해 추가도 받을 수 있는 재산은 2억원이고, 딸이 나머지 8억원을 받게 됩니다. 이처럼 공동상속인들이 상속을 통해 구체적으로 받을 수 있는 상속재산의 가액을 '구체적 상속분'이라 합니다.

문제는 구체적 상속분을 정확히 계산하려면 생전 증여 내역 등을 모두 따져야 하는데, 이 과정에만 수년이 걸리기도 합니다. 그래서 민법은 피상속인이 사망하면 상속인들이 일단 피상속인이 남긴 재산을 법정상속분의 비율에 따라 공유하면서 관리하다가 상속인들 사이에 협의가 성립하면 그 협의에 따라, 협의에 이르지 못하면 법원에 상속재산분할을 청구해서 구체적 상속분을 산정해 그에 따라 분배해야 한다고 정하고 있습니다.

아들과 딸은 아파트를 일단 법정상속분의 비율인 1:1의 비율로 공유하다가 협의를 통해 아파트를 자유롭게 나눌 수 있습니다. 협의에 이르지 못하면 법원에 상속재산분할청구를 해서 최종적으로 아들이 2억원, 딸이 8억원의 비율로 아파트를 나누어 갖게 됩니다.

상속재산분할과 증여세

철수에게는 아들 2명이 있다. 철수는 20년 전 장남에게 용인 임야를 사라며 1,000만원을 증여했고, 장남은 그 돈으로 용인 임야를 매수했다. 2020. 7. 1. 사망한 철수는 사망 당시 시가 10억원의 서울 오피스텔을 가지고 있었다. 차남은 장남이 과거 증여받은 돈으로 산 용인 임야가 현재 20억원이 넘는다며 자신이 서울 오피스텔을 단독으로 상속받아야 한다고 주장했다. 하지만 장남은 오피스텔의 소유권을 따지기에 앞서 우선 서울 오피스텔에 관한 상속등기를 마쳐야 한다고 이야기했고, 차남 역시 서울 오피스텔 관리를 위해서는 상속등기가 필요하다는 생각에 동의했다. 장남은 2021. 7. 1. 장남과 차남 공동명의의 상속등기를 마쳤다. 계속된 논의 끝에 장남은 차남이 서울 오피스텔을 단독으로 상속받는 것에 동의했고, 차남은 2023. 7. 1. 서울 오피스텔을 단독으로 소유로 하는 상속등기를 마쳤다. 그런데 얼마 후 세무서는 장남이 2023년에 차남에게 5억원 상당의 서울 오피스텔 2분의 1 지분을 증여하였다며 차남에게 증여세로 약 9,000만원을 부과했다.

사망 직후의 법률관계

사람이 사망하면, 사망한 사람(피상속인)의 재산은 상속받을 권리가 있는 배우자, 자식 등(상속인)에게 이전됩니다. 이를 상속이라 하죠. 법적으로 자식들의 상속분은 동일하므로 장남이나 차남 모두 철수의 상속재산을 똑같이 받을 권리가 있습니다. 한편 매매를 통한 부동산 취득에 등기가 필요한 것과 다르게 상속을 통한 부동산 소유권 취득에는 등기가 필요 없습니다. 철수가 사망하면, 그 즉시 서울 오피스텔 소유권은 법정상속분에 따라 장남과 차남이 절반씩 상속받게 됩니다. 철수 명의로 소유권이전등기가 그대로 남아 있더라도 장남과 차남이 서울 오피스텔을 공유하는 것이죠.

상속재산분할의 효력

상속인이 여러 명이면 상속인들은 상속재산을 구체적 상속분이 아니라 법정상속분에 따라 공유하게 됩니다. 다만 이러한 공유관계는 잠정적인 것으로, 잠정적인 공유관계를 해소하고 공동상속인 각자에게 상속재산을 분배하는 절차를 상속재산분할이라고 합니다.

만약 상속인들이 모여 특정 상속인이 법정상속분이나 구체적 상속분보다 '더 많이' 또는 '더 적게' 상속받기로 합의할 수 있을까요? 위 사례에서 장남과 차남이 서울 오피스텔을 차남이 단독으로 상속받기로 합의한 것처럼, 상속재산 분할협의를 통해 상속분과 다르게 상속받는 것도 가능합니다.

한걸음 더 나아가봅시다. 사례에서 철수는 2020. 7. 1.에 사망했습니다. 장남과 차남은 2022. 7. 1.에 오피스텔에 관한 공유등기를 마쳤다가 2023. 7. 1.에 상속재산분할을 통해 차남이 오피스텔을 단독으로 상속받는 내용의 상속등기를 마쳤습니다. 차남은 장남의 서울 오피스텔 지분 2분의 1을 철수가 사망한 2020. 7. 1.에 상속으로 취득한 것일까요? 아니면 장남과 차남이 상속재산 분할협의를 한 2023. 7. 1.에 상속재산 분할협의를 통해 취득한 것일까요?

앞서 본 설명을 종합하면 장남과 차남은 철수가 사망한 2020. 7. 1.에 서울 오피스텔을 각 2분의 1씩 상속받아 공유하게 되었습니다. 그렇다면 차남은 이미 상속받은 서울 오피스텔의 2분의 1에 더해 상속재산 분할협의를 통해 2023. 7. 1.에 장남으로부터 서울 오피스텔 2분의 1지분을 취득했다고 볼 수 있습니다. 그런데 민법은 그런 경우 차남은 '법적으로' 철수가 사망한 2020. 7. 1.에 서울 오피스텔을 단독으로 상속받은 것으로 간주한다고 정하고 있습니다.

민법
제1015조(분할의 소급효)
상속재산의 분할은 상속개시된 때에 소급하여 그 효력이 있다(이하 생략).

이처럼 민법 제1015조는 상속재산 분할의 효력은 상속개시된 때, 즉 철수가 사망한 때로 소급하여 효력이 있다고 정하고 있습니다. 즉 장남은 서울 오피스텔의 지분을 아예 상속받지 않았고, 차남은 철수가 사망한 때부터 서울 오피스텔 전부를 단독으로 상속받은 것으로 '법적으로' 보는 것이죠.

상속재산분할과 증여세

여기서 세금의 문제가 발생합니다. 민법 제1015조에 의해 법적으로는 차남이 처음부터 서울 오피스텔을 단독으로 상속받은 것으로 간주되지만, 실질적으로 보면 장남이 자신의 서울 오피스텔 지분 2분의 1을 차남에게 증여한 것과 동일하기 때문이죠. 그렇기에 과거 상속재산 분할협의를 통해 특정 상속인이 상속분보다 '더 많이' 상속받을 경우, 이를 세법상 증여로 볼 수 있는지가 문제가 되었습니다. 대법원은 상속재산 분할협의의 소급효를 이유로 세법상 증여가 아니라고 판단하였습니다(대법원 2002. 7. 12. 선고 2001두441 판결). 즉 상속이 개시된 후 상속인들 사이의 상속재산 분할협의를 통해 특정 상속인이 상속분보다 더 많이 상속받더라도 증여세 과세 문제는 발생하지 않고 분할비율에 따른 상속세 문제만 발생한다고 보는 것이죠.

상속재산분할 소급효의 제한

다만 대법원의 논리에 따르면 다소 부당한 결과가 생길 수 있습니다. 대법원은 상속재산 분할협의는 시기의 제한 없이 자유로이 할 수 있고, 특히 기존 상속재산 분할협의를 해제하고 새로운 상속재산 분할협의를 할 수 있다고 보고 있습니다(대법원 2004. 7. 8. 선고 2002다 73203 판결). 차남이 서울 오피스텔을 단독으로 소유하다가 10년 후인 2033년에 다시 장남과의 "기존 상속재산분할을 해제하고, 장남이 서울 오피스텔을 단독으로 상속받는 새로운 상속재산분할협의를 한다."고 합의하였다면 어떻게 될까요? 이 경우에도 대법원 판결에 따르면 법적으로 장남이 2020. 7. 1.에 서울 오피스텔을 단독으로 상속받은 것으로 간주됩니다. 상속재산 분할협의의 소급효를 이용하여 공동상속인들은 서로에게 증여세 부담 없이 편법 증여를 할 수 있습니다.

이를 막기 위해 상속세 및 증여세법_(상증세법) 제4조 제3항은 다음과 같이 정하고 있습니다.

상속세 및 증여세법
제4조(증여세 과세대상)
③ 상속개시 후 상속재산에 대하여 등기·등록·명의개서 등(이하 '등기등'이라 한다)으로 각 상속인의 상속분이 확정된 후, 그 상속재산에 대하여 공동상속인이 협의하여 분할한 결과 특정 상속인이 당초 상속분을 초과하여 취득하게 되는 재산은 그 분할에 의하여 상속분이 감소한 상속인으로부터 증여받은 것으로 보아 증여세를 부과한다(이하 생략).

간단히 말하면 "등기로 각 상속인의 상속분이 확정된 후에 다시 상속재산 협의분할을 통해 재산이 이전되면, 이는 증여로 본다."는 뜻입니다. 상속재산 분할협의를 통해 차남 명의로 단독으로 등기가 이루어진 후 기존 상속재산 분할협의를 해제하고 '장남이 단독으로 서울 오피스텔을 상속받는다'는 새로운 상속재산 분할협의를 하였다면, 상증세법 제4조 제3항에 따라 차남이 장남에게 서울 오피스텔을 증여한 것으로 보는 것이죠.

'상속분의 확정'이란

그럼 이런 문제는 없을까요? 장남과 차남은 2021. 7. 1. 서울 오피스텔 관리를 위해 공유로 상속등기가 마쳤습니다. 그럼 그 이후에 이루어진 2023. 7. 1. 상속재산 분할협의에 상증세법 제4조 제3항이 적용되어 차남에게 증여세가 부과되는 것은 아닐까요? 현재 법원은 실질적인 상속재산 분할협의가 있어야 상증세법 제4조 제3항이 적용된다고 보고 있습니다. 잠정적이고 형식적인 상속재산 분할협의는 상증세법 제4조 제3항이 적용되기 위한 '상속분의 확정'이 아니라는 것이죠. 사례에서는 장남과 차남 사이에 실질적인 상속재산 분할협의가 없었으므로 상증세법 제4조 3항은 적용되지 않습니다. 결국 세무서의 증여세 부과는 위법한 것이죠.

그런데 실질적인 상속재산 분할협의가 있기 전까지 가능하면 상속등기를 하지 말라고 조언하는 세무 전문가들이 있습니다. 그 이유는 무엇일까요? 상속인들이 단지 임시로 공유로 상속등기를 했다고 생각하여도 세무서나 법원은 상속인들과 달리 '실질적인 재산분할 협의'가 있었다고 판단할 위험이 있기 때문입니다. 사례처럼 장남과 차남이 서울 오피스텔의 관리 목적에서 임시로 상속등기를 마쳤어도 과세관청은 장남과 차남 사이에 실질적인 상속재산 분할협의가 있었다고 볼 수 있습니다. 이렇게 되면 장남과 차남 사이에 차남이 서울 오피스텔을 단독으로 상속받는 내용의 상속재산분할협의를 하면, 세무서는 상증세법 제4조 제3항을 적용하여 차남에게 증여세를 부과할 수 있죠. 따라서 가능하면 실질적인 상속재산분할 협의를 한 후에 그에 따라 상속등기를 마치고, 그러기 어려운 사정이 있다면 실질적인 상속재산분할 협의 없이 상속등기를 마쳤다는 점에 관한 증거를 준비해 둘 필요가 있습니다.

'상속인의 상속분이 확정되어'의 뜻에 관한 판결

대법원 2002. 7. 12. 선고 2001두441 판결 ————————

상증세법 제4조 제3항에서 … 규정하고 있는 것은 각 상속인의 상속분이 확정되어 등기 등이 된 후 상속인들 사이의 별도 협의에 의하여 상속재산을 재분할하는 경우에 적용된다고 봄이 상당하다.

이 사건 부동산에 관하여 당초 상속인들의 법정상속분에 따른 소유권이전등기가 경료된 바 있기는 하나, 이는 … **피상속인의 장남에 의하여 일방적으로 이루어진 것이므로, 상증세법 제4조 제3항 소정의 각 상속인의 상속분이 확정되어 등기된 경우라고 볼 수 없고, …**

상증세법 제4조 제3항은 '등기 등으로 상속인의 상속분이 확정'되면, 그 이후에 새로 상속재산분할협의를 통해 상속인들 사이에 상속분이 달라지면 이를 증여로 보아 증여세를 부과한다고 정하고 있습니다. 여기서 '등기 등으로 상속인의 상속분이 확정'되었다는 말은 어떤 뜻일까요?

종래 두 가지 입장이 있었습니다. 먼저 '등기'에 초점을 맞춰 등기만 이루어지면 일단 상속분이 확정되었다고 볼 수 있다는 견해(형식설)이죠. 다음으로 상속인들 사이의 실질적 협의를 통해 각자의 상속분이 종국적으로 확정되고, 그에 따라 등기가 이루어져야 한다는 견해(실질설)가 있었습니다.

위 대법원 판결에서 명시적인 판시를 낸 것은 아니지만, 위 판결의 판시를 볼 때 대법원이 실질설을 택했다고 보는 것이 일반적입니다. 즉 상속인들 사이에 실질적인 상속재산분할협의가 있었고, 그 협의에 따라 등기가 이루어져야 상증세법 제4조 제3항이 적용된다는 것이죠.

문제는 법정상속분과 동일한 비율로 상속등기가 이루어진 경우입니다. 현실에서는 배우자 상속공제 등을 위해 실질적인 합의 없이 일단 법정상속분대로 등기부터 마칠 때가 있습니다. 이때 상증세법 제4조 제3항의 적용을 위해서는 과세관청이 법정상속분에 따른 상속등기가 이루어졌다는 사실만 주장·증명하면 충분한지, 아니면 그에 더하여 실질적인 상속재산분할협의가 이루어졌다는 사실에 관한 추가 증명을 해야 하는지 문제됩니다. 과세관청이 법정상속분에 따른 상속등기가 이루어졌다는 사실에 관한 증명만 하면 된다고 보면, 반대로 상속인들이 법정상속분에 따른 상속등기가 임시적·잠정적인 합의였다는 점을 증명해야 합니다. 아직 이에 대한 명시적 대법원 판결이 없어 실무상 다툼이 있습니다. 상속등기 전에 법률전문가의 도움을 받아야 하는 이유입니다.

2편

부동산과 세금

"토지거래허가구역에서 허가를 못 받았는데, 양도세를 내야 하나요?"
"경매로 집을 잃었는데도 세금을 내라고요?"
"계약이 해제되었는데 세금은 왜 돌려주지 않죠?"

부동산은 세법에서 가장 자주 분쟁이 생기는 영역입니다. 같은 계약이라도 양도소득세, 취득세, 법인세가 전혀 다르게 접근하죠. 계약이 성사되지 않았는데 세금이 부과되기도 하고, 재산을 잃고도 세금을 더 내야 하는 억울한 상황도 벌어집니다. 이 장에서는 부동산 거래와 관련해 '양도', '해제', '사해행위취소' 등에서 발생하는 세금 문제들을 살펴보고, 법원은 이를 어떻게 판단해왔는지 분석합니다.

1장
오피스텔은 주택일까? 사무실일까?

들어가며: 1세대 1주택과 양도소득세

주택을 팔아 양도차익이 생기면 양도소득세를 내는 것이 원칙입니다. 그런데 소득세법은 일정 요건을 갖추면 이 양도차익에 대한 양도소득세를 면제하는 제도를 두고 있습니다. '1세대 1주택 비과세'가 대표적이죠.

대법원은 이 제도의 취지를 "국민의 주거생활의 안정과 거주이전의 자유를 보장하는 데 있다"고 밝혔습니다(대법원 1993. 1. 19. 선고 92누12988 판결 참조). 부동산 가격이 지속적으로 상승하는 현실에서 주택을 팔 때마다 양도차익에 대한 과세가 이루어진다면 주택 소유자의 자산이 줄어 거주이전의 자유가 위축될 수 있다는 것이죠.

'1세대 1주택 비과세'가 적용되기 위해서는 1세대가 하나의 주택을 일정기간 보유 또는 거주해야 합니다. 일부 예외를 제외하면,

1세대가 2주택 이상을 보유한 상태에서 한 주택을 양도하면 원칙적으로 비과세 혜택을 받을 수 없습니다. 이때 주택 수를 판단함에 있어 오피스텔이 '주택'인지가 중요 쟁점이 되고 있습니다.

납세자가 아파트와 오피스텔을 1채씩 가지고 있다고 가정해봅시다. 납세자가 아파트를 양도할 때 1세대 1주택 비과세를 적용받기 위해서는 양도 당시 오피스텔이 '주택'이 아니어야 합니다. 오피스텔이 주택으로 인정되면 2주택자의 양도에 해당하여 1세대 1주택 비과세 혜택을 받지 못하기 때문이죠. 오피스텔이 주택인지 다투어지는 사건의 대부분은 과세관청은 오피스텔이 주택이라고 주장하는 반면 납세자는 주택이 아니라고 주장하는 사안입니다.

물론 반대의 경우도 있습니다. 오히려 납세자가 오피스텔이 '주택'이라고 주장하는 사건이죠. 오피스텔 한 채만 소유하고 있는 납세자가 그 오피스텔을 양도할 때 1세대 1주택 비과세 혜택을 받기 위해서는 반대로 그 오피스텔이 '주택'으로 인정되어야 합니다.

오피스텔은 건축법상 업무시설입니다. 하지만 현실에서는 주거용으로 사용되는 경우가 많습니다. 때문에 납세자와 과세관청 사이에 분쟁이 끊이지 않고 있죠.

오피스텔과 세금

김철수는 아파트를 분양받아 거주하면서 인근 오피스텔에서 임대수익을 얻고 있었다. 이사를 위해 아파트 매도를 알아보던 김철수는 공인중개사로부터 오피스텔이 주택으로 인정되면 1세대 1주택 비과세 혜택을 받지 못해 수억원이 넘는 양도소득세가 부과될 수 있다는 이야기를 들었다. 수억원의 양도소득세를 납부하면 원하는 집으로 이사 갈 수 없고, 그렇다고 오피스텔을 먼저 양도하고 세금을 납부하고 나면 기존 오피스텔을 다시 살 수가 없었다. 그러던 중 김철수는 인터넷에서 "오피스텔이 주택인지 여부는 양도 당시 주거용으로 사용되고 있는지에 따라 판단한다"라는 글을 보고 묘수가 생각났다.

김철수는 오피스텔의 임대차가 종료되자 더 이상 세입자를 받지 않았다. 공실 기간이 1년이 지난 후에 김철수는 아파트를 양도하였고, 1세대 1주택의 양도에 해당한다며 양도소득세를 수천만원만 신고·납부했다. 하지만 세무서장은 아파트 양도 당시 김철수가 소유하고 있던 오피스텔이 주택에 해당하기 때문에 1세대 1주택의 양도로 볼 수 없다며 양도소득세 수억원을 추가로 부과했다.

김철수는 아파트 양도 당시 오피스텔이 주거로 사용되고 있지 않았으므로 주택으로 보아서는 안 된다며 세무서장을 상대로 양도소득세 부과처분의 취소를 요청했다.

오피스텔이란

　　오피스텔은 오피스(office)와 호텔(hotel)의 합성어로 업무와 주거 기능을 함께 가진 건축물을 의미합니다. 건축법 시행령은 오피스텔을 "업무를 주로 하며, 분양하거나 임대하는 구획 중 일부 구획에서 숙식을 할 수 있는 건축물로서 오피스텔 건축 기준에 적합한 것"으로 정의하고 있습니다. 즉 오피스텔은 건축법상 업무시설에 해당합니다.

오피스텔 관련 세금 분쟁의 원인

　　과거에는 오피스텔에 관한 명확한 규정이 없었습니다. 이를 이용해 일부 건설사들이 상업지구에 업무시설로 건축허가를 받은 뒤 실제로는 주거가 가능한 건축물을 신축한 후 아파트인 것처럼 분양하곤 했습니다. 이에 정부는 1988년경 바닥 난방을 금지하는 방법 등으로 주거용 오피스텔의 건축을 제한했죠. 하지만 1인 가구의 증가로 소형 주택의 수요가 증가하자 정부는 소형 주택 공급 차원에서 바닥 난방 금지를 해제하는 등 주거용 오피스텔 관련 제한을 완화했습니다. 주거용 오피스텔 건축 제한이 완화되자 건설 회사들은 중심상업지역을 중심으로 주거용 오피스텔을 대규모로 공급했다. 얼마 전까지는 오피스텔 면적에 따라 바닥난방이 제한되었고 발코니 설치 제한이 있었지만 최근 모두 폐지됨에 따라 이제는 오피스텔과 주택이 별반 차이가 없게 되었죠.

현재 대부분의 오피스텔은 주거용 오피스텔입니다. 즉 건축법상 업무시설에 해당하지만, 실제로는 주거로 사용되고 있습니다. 이러한 형식과 실질의 불일치가 주거용 오피스텔 관련한 세금 분쟁의 주된 원인입니다. 주거용 오피스텔은 업무용 오피스텔과 달리 취득, 보유, 양도 국면에서의 세법상 취급이 달라지기 때문이죠.

양도소득세와 오피스텔

그중 양도소득세와 관하여 살펴봅시다.

소득세법
제3장 거주자의 양도소득에 대한 납세의무
제88조(정의) 이 장에서 사용하는 용어의 뜻은 다음과 같다.
7. "주택"이란 허가 여부나 공부상의 용도구분과 관계없이 세대의 구성원이 독립된 주거생활을 할 수 있는 구조로서 대통령령으로 정하는 구조를 갖추어 사실상 주거용으로 사용하는 건물을 말한다. 이 경우 그 용도가 분명하지 아니하면 공부상의 용도에 따른다.

소득세법 시행령
제152조의4(주택의 범위) 법 제88조 제7호 전단에서 "대통령령으로 정하는 구조"란 세대별로 구분된 각각의 공간마다 별도의 출입문, 화장실, 취사시설이 설치되어 있는 구조를 말한다.

소득세법 제88조 제7호 전문(이 사건 규정)은 양도소득과 관련하여 주택을 공부상 기재와 관계없이 실제 용도가 무엇인지에 따라 판단한다고 정하고 있습니다. 대법원 역시 예전부터 주택을 양도한 사람이 다른 건물을 소유하고 있는 경우, 그 건물이 '주택'에 해당하는지 여부는 건물공부상의 용도 구분에 관계없이 실제 용도가 사실상 주거용으로 사용되는 건물인지에 따라 판단해야 한다고 보았습니다(대법원 2005. 4. 28. 선고 2004두14960 판결 등).

사례에서 김철수가 1세대 1주택의 양도로서 비과세혜택을 받기 위해서는 아파트 양도 당시 오피스텔이 이 사건 규정의 '주택'에 해당하지 않아야 합니다. 이때 '주택'에 해당하는지는 실제 용도에 따라 판단하죠. 실무상 오피스텔에 임차인이 전입신고를 한 경우에는 극히 예외적인 사정이 없는 한 오피스텔을 이 사건 규정의 '주택'에 해당한다고 보고 있습니다.

공실인 오피스텔은 주택일까?

그렇다면 김철수는 왜 오피스텔을 공실로 두면 '주택'에 해당하지 않는다고 생각했던 것일까요? 소득세법 제88조 제7호 후문은 "이 경우 그 용도가 분명하지 아니하면 공부상의 용도에 따른다"라고 정하고 있습니다. 오피스텔은 건축물대장에 '주택'이 아니라 '업무시설'로 기재되어 있습니다. 김철수는 오피스텔이 공실이 되면 주거용으로 사용되는지, 업무용으로 사용되는지 알 수 없는 상태가 되므로, 그때에는 소득세법 제88조 제7호 후문에 따라 공부상의 용도인

'업무시설'로 인정받을 수 있을 것으로 판단했던 것이죠.

하지만 대법원은 오래전부터 "일시적으로 주거가 아닌 다른 용도로 사용되고 있다고 하더라도 그 구조·기능이나 시설 등이 본래 주거용으로서 주거용에 적합한 상태에 있고 주거기능이 그대로 유지·관리되고 있어 언제든지 본인이나 제3자가 주택으로 사용할 수 있는 건물의 경우에는 이를 주택으로 보아야 한다"고 판시해 왔습니다. 또한 '1세대 1주택과 이에 부수되는 토지'에 해당되어 양도소득세의 비과세요건을 충족하고 있다는 사실에 관하여는 특별한 사정이 없는 한 납세의무자가 증명책임을 부담한다고 보고 있습니다(대법원 2005. 12. 23. 선고 2005두8443 판결).

이러한 판례에 따라 사례와 유사한 사건에서 주거용으로 사용되었던 오피스텔의 경우에는 단순히 공실로 비워두는 것으로는 부족하고, 적극적으로 주거기능이 유지·관리되고 있지 않다는 점을 주장·증명해야 한다는 이유에서 납세자에게 패소 판결을 선고한 예가 있습니다. 다만 종래 사실심 판결과 다른 취지의 판결(서울고등법원 2022. 12. 13. 선고 2022누49221 판결)이 선고되어 실무의 주목을 받고 있습니다. 이 판결은 실무노트에서 자세히 살펴보죠.

제도 정비의 필요성

　조세사건의 경우, 특정 쟁점에 대해 대법원 판결이 선고되면 유사 사건은 크게 줄어드는 경향이 있습니다. 그런데 오피스텔을 주택으로 볼 수 있는지에 대해서는 사건이 끊이지 않고 있습니다. 심지어 종래 판결의 경향과 다른 판결이 새로 선고되고 있죠. 취득, 보유, 양도 국면에서 오피스텔에 대한 세법상 취급이 다르다는 점, 관련 세법 규정의 개정이 빈번하다는 점, 1세대 1주택의 양도에 해당하는지가 양도소득세액에 미치는 영향이 크다는 점 등이 한 원인일 것입니다. 그렇지만 가장 주된 원인은 오피스텔이 주택인지 여부를 여러 사정을 종합하여 판단할 수밖에 없다는 점에 있다고 생각됩니다. 오피스텔과 관련한 불필요한 세금 분쟁이 없도록 관련 규정을 정비할 필요가 있습니다.

오피스텔의 주택 여부에 관한 판결 경향

서울고등법원 2022. 12. 13. 선고 2022누49221 판결

1. 소득세법 제88조 제7호 후문과 입증책임

1세대 1주택에 해당하여 양도소득세 비과세요건을 충족하고 있다는 사실에 관하여는 달리 특별한 사정이 없는 한 납세의무자에게 입증책임이 있지만(대법원 2005. 12. 23. 선고 2005두8443 판결 등), 다른 한편 구 소득세법 제88조 제7호에서 주택을 "… 사실상 주거용으로 사용하는 건물을 말한다. 이 경우 그 용도가 분명하지 아니하면 공부상의 용도에 따른다."라고 명확히 정의하고 있는바, … '공부상의 용도가 주택이 아닌 건물'의 경우에는 구 소득세법 제88조 제7호 후문에 따라 이를 사실상 주거용으로 사용하였다는 점에 관한 입증책임이 과세관청인 피고에게 있다고 봄이 타당하며 …

2. 소득세법상 '주택'의 판단기준

가. "일시적으로 주거가 아닌 다른 용도로 사용하고 있다고 하더라도 그 구조·기능이나 시설 등이 본래 주거용으로서 주거용에 적합한 상태에 있고 주거기능이 그대로 유지·관리되고 있어 언제든지 본인이나 제3자가 주택으로 사용할 수 있는 건물의 경우에는 이를 주택으로 보아야 한다."고 판시한 대법원 2005. 4. 28. 선고 2004두14960 판결의 법리는 오피스텔에 이를 그대로 적용할 수 없다. … 위 대법원 판결의 쟁점은 공부상의 용도가 주택(아파트)인 아파트 1층 전유부분에서 가정보육시설(놀이방)을 운영하고 있는 경우, 이를 소득세법상 주택에 해당한다고 볼 수 있을지인데 … (위 법리를 오

피스텔에 적용하는 것은) 사실상 상당수의 오피스텔을 소득세법상 주택으로 간주하는 것과 다를 바 없는 결과를 강요하는 (것이다).

나. … 상업지역에 건축하는 업무시설인 오피스텔과 주거지역에 건축하는 주택은 … 분명한 차이가 있으므로, 단지 오피스텔이 주거에 적합한 구조나 기능도 함께 갖추고 있다는 사정만으로 이를 본래 의미의 주택과 동일시할 수는 없는 것이다.

다. … 실제 사용자가 해당 오피스텔로 주민등록법상 전입신고를 마쳤는지 …, 해당 건물의 전기, 가스, 수도의 각 사용량 등 이용실태와 밀접한 각종 지표들 … 해당 오피스텔에 관한 임대차 계약이 있으면 그 구체적 내용 등 제반 사정을 두루 종합하여 양도 당시 오피스텔의 사실상 용도가 주거용이었는지 아닌지 판단할 수밖에 없다.

※ 이해의 편의를 위해 판결 원문의 표현을 일부 수정하였음

위 판결은 오피스텔의 주택 여부와 관련된 판단기준 및 증명책임에 대해 기존 하급심 판결과 다른 기준을 제시해 실무의 큰 주목을 받았습니다. 그럼 판결에 대해 살펴볼까요(이해의 편의를 위해 쟁점과 관련 없는 사실관계는 일부 수정했습니다).

납세자는 아파트 1채와 오피스텔 2채를 소유하고 있었습니다. 그는 아파트를 양도하면서 '1세대 1주택 비과세'를 적용하여 양도소득세로 약 5,900만원만 신고·납부했습니다. 그러나 과세관청은 위 오피스텔 2채가 모두 주택이라는 이유로 '1세대 3주택'의 양도

로 보아 양도소득세로 약 7억 2,000만원(가산세 포함)을 경정·고지했습니다. 이에 납세자가 과세 처분을 취소해달라는 소를 제기했습니다.

문제된 오피스텔은 건축물대장에 '업무시설(오피스텔)'로 등재되어 있었고, 별도의 출입문, 화장실, 주방, 욕실을 갖추고 있었으며, 에어컨, 세탁기, 도시가스 보일러, 가스레인지, 신발장, 냉장고, 세탁기 등의 시설이 있었습니다. 즉 주거로 사용하기에 충분한 시설을 갖추고 있었죠. 한 오피스텔의 임차인은 노래방 도우미인데 도우미 업무를 위한 대기 장소로 사용한 것으로 인정되었습니다. 다른 오피스텔의 임차인은 직장인인데 어떤 이유에서 위 오피스텔을 임차한 것인지 불분명했죠. 위 임차인들은 모두 위 오피스텔로 전입신고를 하지 않았습니다.

법원은 위와 같은 사실을 전제로 위 오피스텔이 주택이라는 점이 증명되지 않았다는 이유로 아파트 양도는 '1세대 3주택'의 양도가 아니라 '1세대 1주택'의 양도라며 납세자 승소판결을 선고했습니다.

위 판결은 기존 다른 하급심 법원의 판단기준과는 크게 다른 것입니다. 이전에는 적어도 '1세대 1주택 비과세' 혜택을 받기 위해서는 납세자가 그에 관한 주장·증명을 해야 한다고 보았습니다. 그에 따라 위 판례 사안처럼 오피스텔이 양도 시점에 사실상 주거로 사용되었는지가 불분명하면 주택으로 보는 경향이 있었습니다.

과세관청은 위 판결에 불복하여 대법원에 상고했고, 많은 세무전문가들이 위 판결에 대한 대법원 판단에 관심을 가졌습니다. 대법원은 심리불속행 기각으로 위 판결을 확정했습니다. 위 법원의 판단을 대법원이 인정한 것으로 볼 수도 있지만, 문제는 위와 유사한 사실관계에서 오피스텔을 주택으로 판단한 하급심 판결 역시 대법원에서 심리불속행 기각으로 확정된 예가 있다는 것입니다. 대법원은 오피스텔이 양도 시점에 주거용으로 사용되었는지는 사실심의 전권사항에 해당한다고 본 것으로 추측됩니다.

결국 오피스텔이 주택인지 여부는 각 사안마다 구체적 사실관계를 종합해 판단할 수밖에 없습니다. 앞으로도 납세자와 과세관청 사이에 오피스텔이 주택인지를 두고 분쟁이 계속될 것으로 보입니다. 위 판결 사안처럼 오피스텔이 주택인지에 따라 납세자가 부담해야 할 세금이 10배 이상 차이날 수 있기 때문이죠.

2장
1가구 1주택과
중복세무조사금지의 원칙

들어가며: 세무조사란

세무조사 대상이라는 통지를 받고 긴장하지 않을 사람은 거의 없습니다. 평소에 세금 신고를 성실히 했어도 세무서로부터 '세무조사 대상입니다'는 연락을 받는 순간 누구나 마음이 덜컥 내려앉기 마련이죠.

세무조사는 납세자가 세금을 정확하게 신고하고 납부했는지를 확인하기 위해 세무공무원이 장부·서류나 물건을 검사·조사하거나 그 제출을 명하는 활동을 뜻합니다. 세무공무원이 사업장에 방문해 장부나 영수증을 들여다보고 관계자들에게 질문하는 모습이 전형적인 세무조사의 장면이죠.

세무조사는 단순한 행정행위가 아닙니다. 정당한 사유 없이 조사를 방해하거나 자료 제출 요구에 응하지 않으면 최대 5,000만원의 과태료가 부과될 수 있습니다. 세무조사 결과에 따라 세금이 더 부과되거나 가산세가 나올 수도 있습니다.

이렇듯 세무조사는 납세자에게 큰 부담이 될 수 있기 때문에 반드시 법에 정해진 절차에 따라 공정하게 이루어져야 합니다. 세무공무원이 조사권한을 남용해 납세자의 권리를 침해해서는 안 됩니다.

그렇다면 세무공무원이 조사권한을 남용했다고 인정되는 상황은 어떤 경우일까요? 그 경우 국가는 여전히 세금을 걷을 수 있을까요? 이번 글에서는 세무조사에 대한 절차적 통제 장치에 대해 살펴보겠습니다.

현장 확인과 중복세무조사

철수는 서울시 도곡동 소재 아파트와 강원 원주시 소재 전원주택을 소유하고 있었다. 철수는 부모님과 서울 아파트에 살다가 부모님의 건강이 나빠지자 부모님을 원주 전원주택으로 모셨다. 이후 철수는 서울 아파트를 매도하였는데, 원주 전원주택이 주택이 아닌 별장에 해당한다고 생각하여 1세대 1주택 특례규정에 따라 서울 아파트의 양도소득세로 1억원만 납부하였다.

역삼세무서는 1세대 1주택 특례규정 적용에 대한 세무조사를 실시했다. 철수는 세무공무원에게 서울 아파트에 거주했고 원주 전원주택에는 휴양 목적으로 한 달에 한 번 정도만 놀러간다고 설명했다. 이에 역삼세무서는 '원주 전원주택은 별장으로 주택에 포함되지 않는다'고 보고 양도소득세를 추가로 부과하지 않았다. 그런데 3년 후 역삼세무서는 과거 세무조사가 불충분했다며 철수에게 원주 전원주택 관련 전기사용료 자료를 요구하였다. 이를 받아 검토한 역삼세무서는 전기사용료를 볼 때 원주 전원주택은 사실상 주거로 사용하는 주택이 분명하다며 1세대 1주택 특례규정을 배제하여 철수에게 양도소득세 5억원을 추가로 부과하였다.

이에 철수는 '전기사용료 자료 요구'가 국세기본법이 금지하는 중복세무조사에 해당한다며 양도소득세 5억원 부과처분의 취소를 요청했다.

세무조사와 부작용

납세자에게 납세의무가 있는지 국가가 조사하는 절차를 세무조사라고 합니다. 탈세를 막고 적정한 세금을 부과하기 위해서는 세무조사가 필요하죠. 하지만 세무조사는 그 자체로 납세자에게 큰 부담을 줍니다. 납세자가 적법하게 세무처리를 하려고 노력해도 과세관청과의 견해 차이로 세금이 추가로 부과되는 경우가 적지 않습니다. 세무조사 기간 중 과세관청의 질문 및 자료 제출 요구에 응하는 것 역시 힘든 일입니다. 세무조사를 하는 세무공무원의 질문에 대하여 거짓으로 진술하거나 그 직무집행을 거부 또는 기피하면 5,000만원 이하의 과태료가 부과될 수 있습니다(국세기본법 제88조).

과거 세무조사는 기업을 탄압하는 수단으로 악용되기도 했습니다. 정부에 밉보인 기업은 먼지 털기식 세무조사를 받았습니다. 세금을 부과할 수 있는 기간 내에서는 동일한 세금에 대해 반복해서 세무조사를 할 수 있다는 점을 악용해 첫 세무조사로 일단 과세를 하고, 나중에 종전 세무조사가 불충분하다며 기존에 조사를 마친 부분까지 반복하여 세무조사를 실시하기도 했습니다.

중복세무조사금지의 원칙

과도한 세무조사로 인한 폐해를 막을 수 있도록 관련 법률을 정비해야 한다는 주장이 있었으나 한동안 실현되지 못했습니다. 그러던 중 우리나라가 1996년 OECD에 가입하면서 납세자의 권리 보호를 선진국 수준으로 올려야 한다는 요구를 반영하여 국세기본법에 중복세무조사 금지 등 납세자의 권리에 관한 규정이 신설되었습니다.

국세기본법
제81조의4(세무조사권 남용 금지)
② 세무공무원은 다음 각 호의 어느 하나에 해당하는 경우가 아니면 같은 세목 및 같은 과세기간에 대하여 재조사를 할 수 없다.
1. 조세탈루의 혐의를 인정할 만한 명백한 자료가 있는 경우
2. 거래상대방에 대한 조사가 필요한 경우
(이하 생략)

국세기본법은 조세탈루의 혐의를 인정할 만한 명백한 자료가 있는 경우 등 법령이 정한 사유가 없다면 같은 세목 및 같은 과세기간에 대하여 재조사를 할 수 없다며 중복세무조사 금지를 규정하고 있습니다(이하 '재조사금지 규정'). 실무상 재조사금지 규정이 갖는 의미는 큽니다. 재조사금지 규정을 위반하여 세무조사가 이루어지면, 그 세무조사는 위법하고, 그 세무조사에 기한 과세처분 역시 위법하게 됩니다. 세법상 납세자에게 납세의무가 있더라도 과세관청이 재조사금지 규정을 위반하였다면, 납세자는 세금을 내지 않을 수 있습니다(대법원 2006. 6. 2. 선고 2004두12070 판결).

철수의 주장은 타당할까?

사례를 봅시다. 2편 1장에서 살펴본 것처럼 소득세법상 주택인지 여부는 건물 공부상의 용도 구분에 관계없이 사실상 주거로 사용하는지에 따라 판단합니다. 원주 전원주택에는 철수의 부모님이 살고 있었으므로, 원주 전원주택은 소득세법상 주택에 해당합니다. 철수는 서울 아파트를 양도할 때 주택인 원주 전원주택을 소유하고 있었으므로 1세대 1주택 비과세 혜택을 받을 수 없습니다.

그런데 최초 세무조사에서 역삼세무서는 철수의 말만 듣고 원주 전원주택이 별장이라고 잘못 판단했습니다. 그렇다면 역삼세무서는 다른 납세자들과의 형평을 위해 다시 세무조사를 실시해 철수에게 양도소득세를 부과해야 하지 않을까요?

위법한 세무조사에 기한 과세처분의 위법성

대법원 2017. 12. 13. 선고 2016두55421 판결

세무조사는 기본적으로 적정하고 공평한 과세의 실현을 위하여 필요한 최소한의 범위 안에서만 행하여져야 하고, 더욱이 같은 세목 및 같은 과세기간에 대한 재조사는 납세자의 영업의 자유나 법적 안정성을 심각하게 침해할 뿐만 아니라 세무조사권이 납용으로 이어질 우려가 있으므로 조세공평의 원칙에 현저히 반하는 예외적인 경우를 제외하고는 금지할 필요가 있다.

같은 취지에서 국세기본법은 재조사가 예외적으로 허용되는 경우를 엄격히 제한하고 있는바, 그와 같이 한정적으로 열거된 요건을 갖추지 못한 경우 같은 세목 및 같은 과세기간에 대한 재조사는 원칙적으로 금지되고, 나아가 이러한 중복세무조사금지의 원칙을 위반한 때에는 과세처분의 효력을 부정하는 방법으로 통제할 수밖에 없는 중대한 절차적 하자가 존재한다고 보아야 한다.

(…) 금지되는 재조사에 기하여 과세처분을 하는 것은 단순히 당초 과세처분의 오류를 경정하는 경우에 불과하다는 등의 특별한 사정이 없는 한 그 자체로 위법하고, 이는 과세관청이 그러한 재조사로 얻은 과세자료를 과세처분의 근거로 삼지 않았다거나 이를 배제하고서도 동일한 과세처분이 가능한 경우라 하여 달리 볼 것은 아니다.

그런데 대법원은 중복세무조사금지의 원칙상 위와 같은 경우에도 다시 세무조사를 할 수 없고, 새로 세무조사를 하여 진실을 밝혀냈다고 하더라도 과세처분을 할 수 없다고 보고 있습니다. 중복세무조사에 근거한 과세처분의 효력을 부인해야만 과세관청의 위법한 세무조사를 통제할 수 있기 때문이죠.

심지어 대법원은 중복세무조사로 얻은 과세자료 없이 동일한 과세처분이 가능하다 하더라도 그 과세처분은 위법하다고 보고 있습니다. 즉, 사례에서 원주 전원주택의 전기사용료 자료 없이 최초 세무조사에서 확보한 다른 자료만으로 원주 전원주택을 주택으로 보아 과세할 수 있었어도 중복세무조사가 있었다고 인정되는 이상 철수에게 양도소득세를 추가로 부과할 수 없습니다. 위법한 중복세무조사가 있었음에도 단순히 과거 자료를 종합하여 세금을 부과할 수 있다고 본다면, 중복세무조사금지 원칙의 실효성이 크게 반감되기 때문이죠. 위법한 중복세무조사에 근거한 과세가 허용되지 않는 이유가 과세관청이 헌법상 적법절차의 원칙을 위반하였다는 점에 있음을 생각하면, 위 결론을 이해할 수 있습니다.

물론 공평과세의 원칙이 다소 희생되는 측면은 있습니다. 그러나 국세기본법이 '조세탈루의 혐의를 인정할 명백한 자료가 있는 경우', '납세자가 세무공무원에게 직무와 관련하여 금품을 제공한 경우' 등을 중복세무조사가 가능한 예외로 규정하고 있기 때문에 중복세무조사금지의 원칙을 엄격하게 적용하여도 부작용이 크지 않습니다.

'현장 확인'은 세무조사일까

실무상 이른바 '현장 확인'이 세무조사에 해당하는지 문제되고 있습니다. 국세청 훈령인 「조사사무처리규정」은 사업자에 대한 사업장 현황 확인이나 기장 확인 업무 등의 목적에서 현장출장하여 사실관계를 확인하는 행위는 세무조사가 아니라고 정하고 있습니다. 통상 현장 확인 후 정식 세무조사가 진행되기 때문에 납세자는 현장 확인이 실질적으로 세무조사에 해당하고, 이후 정식 세무조사가 중복 세무조사라고 주장하는 경우가 많습니다.

… 이러한 세무조사의 성질과 효과, 중복세무조사를 금지하는 취지 등에 비추어 볼 때, 세무공무원의 조사행위가 실질적으로 납세자 등으로 하여금 질문에 대답하고 검사를 수인하도록 함으로써 납세자의 영업의 자유 등에 영향을 미치는 경우에는 국세청 훈령인 구 조사사무처리규정에서 정한 '현지확인'의 절차에 따른 것이라고 하더라도 그것은 재조사가 금지되는 '세무조사'에 해당한다고 보아야 한다. …

이처럼 대법원은 현장 확인이 실질적으로 납세자로 하여금 질문에 대답하고 검사를 수인하도록 하여 납세자의 영업의 자유 등에 영향을 미치는 경우에는 재조사가 금지되는 '세무조사'에 해당한다고 보고 있습니다. 다만 과세자료의 수입 또는 신고내용의 정확성 검증을 위한 과세관청의 모든 조사행위가 재조사가 금지되는 세무조사에 해당하지는 않는다고 하면서 세무공무원의 조사행위가 재조사가 금지되는 '세무조사'에 해당하는지는 조사의 목적과 실시경위, 질문조사의 대상과 방법 및 내용 등을 종합적으로 고려하여 개별적으로 판단해야 한다고 판시하였습니다.

아이러니하게도 공평과세를 위한 과세관청의 지나친 조사가 오히려 공평과세 원칙을 해칠 수 있습니다. 과세처분의 근거가 적법하더라도 위법한 중복 세무조사가 인정되면, 납세자는 그에 따른 세금을 전혀 납부하지 않아도 되기 때문이죠. 공평과세 원칙과 납세자 기본권 보장의 균형을 위해 지혜를 모을 필요가 있습니다.

세무조사 대상 선정에 대한 법적 통제

과거 정치적 동기에서 비롯된 '표적조사'는 세무조사의 문제 중 하나로 지적되었습니다. 1996년 이전에는 세법에 세무조사 대상자 선정에 관한 규정이 없어 세무조사대상 선정을 법적으로 다투기 어려웠습니다. 하지만 OECD 가입을 계기로 국세기본법령에 세무조사대상자 선정기준이 마련되었고, 현재는 국세기본법이 무작위 추출방식 등으로 이루어지는 '정기선정조사'와 그 외의 사유에 의한 '수시선정조사'를 구분하여 각 사유를 규정하고 있습니다.

국세기본법

제81조의6(세무조사 관할 및 대상자 선정)

② 세무공무원은 다음 각 호의 어느 하나에 해당하는 경우에 정기적으로 신고의 적정성을 검증하기 위하여 대상을 선정(이하 '정기선정'이라 한다)하여 세무조사를 할 수 있다. 이 경우 세무공무원은 객관적 기준에 따라 공정하게 그 대상을 선정하여야 한다.

1. 2. (생략)

3. 무작위추출방식으로 표본조사를 하려는 경우

③ 세무공무원은 제2항에 따른 정기선정에 의한 조사 외에 다음 각 호의 어느 하나에 해당하는 경우에 세무조사를 할 수 있다.

1. 2. (생략)

3. 납세자에 대한 구체적인 탈세 제보가 있는 경우

4. 5. (생략)

④ 세무공무원은 과세관청의 조사결정에 의하여 과세표준과 세액이 확정되는 세액의 경우 과세표준과 세액을 결정하기 위하여 세무조사를 할 수 있다.

실무상 수시선정조사 대상인지가 주로 다투어지고 있습니다(국세기본법 제81조의6 제3항 참조). 대법원은 수시선정조사 결정 자체가 항고소송의 대상이 되는 행정처분이라고 보고 있습니다(대법원 2011. 3. 10. 선고 2009두23617 판결). 세무조사대상 선정사유 없이 세무조사가 개시되었으나, 세무조사개시 결정에 대해 항고소송이 제기되지 않았고 이후 세무조사에서 충분한 과세자료가 확보되었다면 과세관청은 과세처분을 할 수 있을까요? 대법원은 위법하게 개시된 세무조사를 기초로 이루어진 과세처분은 특별한 사정이 없는 한 위법하다고 보고 있습니다.

대법원 2014. 6. 26. 선고 2012두911 판결

구 국세기본법 제81조의5가 정한 **세무조사대상 선정사유가 없음에도 세무조사대상으로 선정하여 과세자료를 수집하고 그에 기하여 과세처분을 하는 것**은 적법절차의 원칙을 어기고 구 국세기본법 제81조의5와 제81조의3 제1항을 위반한 것으로서 **특별한 사정이 없는 한 그 과세처분은 위법하다고 할 것**이다.

이에 대해 세무조사대상 선정사유가 없었다는 이유만으로 납세자가 세금을 면하는 이익을 보는 것이 타당한지, 세무조사대상 결정과 과세처분은 독립된 행정행위인데 하자의 승계를 인정하는 것이 타당한지에 대해 의문을 제기하는 학자도 있습니다. 하지만 위법한 세무조사에 대한 통제라는 국세기본법의 세무조사대상 규정의 취지를 고려하면 하자의 승계를 인정할 필요가 있습니다. 즉 세무조사 선정이 위법하면, 그 세무조사에 기해 이루어진 과세처분 또한 위법하다고 볼 필요가 있는 것이죠. 나아가 국세기본법 제81조의6 제3항은 '납세자에 대한 구체적인 탈세 제보가 있는 경우(3호)', '신고 내용에 탈루나 오류의 혐의를 인정할 만한 명백한 자료(4호)' 등이 있으면 수시선정조사를 할 수 있다고 정하고 있기 때문에 하자 승계를 인정하더라도 그 부작용이 크다고 보기는 어렵습니다.

3장
임차인이 상가를 무단점유해도
임대인은 부가가치세를 내야할까?

들어가며: 부가가치세와 거래징수

사업자는 재화나 용역을 공급할 때 부가가치세를 납부해야 합니다. 이때 납부할 세금은 '매출세액에서 매입세액을 뺀 금액'입니다. 매출세액은 해당 과세기간에 공급한 재화 또는 용역의 공급가액의 10%이고, 공급가액은 재화 또는 용역의 대가로 받은 돈에서 부가세를 뺀 금액입니다. 예를 들어보면 더 쉽게 이해할 수 있습니다.

철수는 일반과세자인 사업자입니다. 철수는 광수로부터 200만원(부가가치세 별도)인 물건을 사서 영희에게 공급가액 300만원(부가가치세 별도)에 팔았습니다. 이때 철수의 매출세액은 300만원의 10%인 30만원, 매입세액은 200만원의 10%인 20만원입니다. 철수가 과세관청에 납부해야 할 부가가치세는 10만원(= 30만원 - 20만원)입니다.

보통 거래에서 철수는 광수에게 물건 대금으로 200만원에 부가가치세 20만원을 더한 220만원을 지급하고, 영희로부터 물건 대금으로 300만원에 부가가치세 30만원을 더한 330만원을 받게 됩니다. 그런데 영희가 철수에게 부가가치세 30만원을 주지 않으면 어떻게 될까요? 철수는 부가가치세를 내지 않아도 될까요?

아닙니다. 부가가치세는 거래 상대방에게 실제로 돈을 받았는지에 관계없이 재화나 용역을 '공급'했다면 세금을 납부해야 합니다. 즉 철수는 영희에게서 30만원을 받지 못했어도 과세관청에 10만원을 납부해야 합니다. 철수는 상당한 손해를 보게 되죠.

철수가 영희에게 30만원을 청구할 수 있는 근거는 무엇일까요? 참고로 부가가치세법 제31조는 "사업자가 재화 또는 용역을 공급하는 경우에는 … 공급가액에 … 세율을 적용하여 계산한 부가가치세를 재화 또는 용역을 공급받는 자로부터 징수하여야 한다."고 정하고 있습니다. 부가가치세법 제31조를 근거로 영희에게 30만원을 따로 청구할 수 있을까요? 할 수 없다는 것이 판례입니다(대법원 2002. 11. 22. 선고 2002다38828 판결). 그럼 철수는 어떤 때에 영희에게 부가가치세 30만원을 청구할 수 있을까요? 철수와 영희 사이에 '영희가 철수에게 부가가치세 30만원을 지급한다.'는 약정이 있어야 철수는 영희에게 30만원을 청구할 수 있습니다(대법원 1999. 11. 12. 선고 99다33984 판결). 그러한 약정이 없다면 철수는 부가가치세 납부해야 함에도 영희에게 300만원에 외에 30만원을 청구할 수 없습니다. 우리가 일상에서 자주보는 '부가가치세 별도'라는 문구가 바로 그런 약정의 대표적인 예입니다. 철수는 영희를 상대로 계약서에 '부가가치세 별도'라는 문구를 근거로 부가가치세 30만원을 청구할 수 있습니다.

상가 임대와 부가가치세

옥순은 상가를 소유하고 있는 일반과세자다. 옥순(임대인)은 인터넷쇼핑몰을 운영하는 영철(임차인)과 임대차보증금 1,100만원, 차임 월 100만원(부가가치세 별도)으로 정한 임대차계약을 체결하였다. 하지만 영철은 사업이 어렵다며 차임을 지급하지 않았고 어느덧 지급하지 않은 차임이 5개월분에 이르렀다. 옥순은 임대차계약을 해지하고 임대차보증금에서 미지급 차임 550만원을 공제한 후 영철을 상대로 상가의 인도 및 인도할 때까지 월 110만원의 비율에 의한 차임 상당의 부당이득의 지급을 구하는 소를 제기했다.

이에 영철은 아직 임대차보증금 550만원이 남아있고, 무엇보다 임대차계약이 해지되었으므로 옥순이 국가에 부가가치세를 납부할 필요가 없어 자신도 옥순에게 차임 상당의 부당이득에 대한 부가가치세 상당액 10만원을 지급할 의무가 없다고 다투었다.

상가 임대와 부가가치세

부가가치세법은 '사업자가 행하는 재화 또는 용역의 공급'이 과세 대상이라고 정하면서 용역의 공급을 '계약상 또는 법률상 원인에 의하여 시설물 등 재화를 사용하게 하는 것' 등으로 정하고 있습니다.

부가가치세법
제11조(용역의 공급)
① 용역의 공급은 계약상 또는 법률상의 모든 원인에 따른 것으로서 다음 각
호의 어느 하나에 해당하는 것으로 한다.
1. 역무를 제공하는 것
2. 시설물, 권리 등 재화를 사용하게 하는 것

임대인이 임차인과 임대차계약을 체결하고 그 계약에 따라 임차인으로 하여금 상가를 사용하게 하는 것은 부가가치세 과세대상인 '용역의 공급'에 해당합니다.

위 사례에서 영철(임차인)은 옥순(임대인)에게 매월 차임 100만원의 10%에 상당한 10만원을 더 지급할 의무가 있을까요? '들어가며'에서 본 것처럼 영철이 부가가치세를 지급한다는 약정이 있어야 영철은 옥순에게 10만원을 지급할 의무가 있는데, '부가가치세 별도'라는 문구가 부가가치세 지급 약정에 해당하므로 영철은 옥순에게 매월 10만원을 더 지급할 의무가 있습니다.

대법원 1999. 11. 12. 선고 99다33984 판결
거래당사자 사이에 부가가치세를 부담하기로 하는 약정이 따로 있는 경우에는 사업자는 그 약정에 기하여 공급을 받는 자에게 부가가치세 상당액의 지급을 직접 청구할 수 있는 것으로, 부가가치세의 부담에 관한 위의 약정은 반드시 재화 또는 용역의 공급 당시에 있어야 하는 것은 아니고 공급 후에 한 경우에도 유효하며, 또한 반드시 명시적이어야 하는 것은 아니고 묵시적인 형태로 이루어질 수도 있다.

임대차계약의 종료에 따른 법률관계

임대인이 임차인에게 부가가치세 상당액을 청구할 수 있는 근거는 임대차계약에 기재된 '부가가치세 별도' 문구입니다. 그렇다면 임대차계약이 종료되었지만 임차인이 임대인의 의사에 반하여 상가를 계속 점유·사용하는 경우에는 어떨까요? 임대차계약이 종료되었으므로 임차인은 부가가치세 상당액을 지급하지 않을 수 있을까요? 이 문제는 임대인이 임대차계약 종료 후에도 국가에 부가가치세를 납부할 의무를 부담하는지와 관련되어 있습니다. 이 쟁점을 이해하기 위해서는 먼저 임대차계약 종료에 따른 법률관계를 살펴볼 필요가 있습니다.

임대차계약이 종료되면, 원칙적으로 임차인은 임대차목적물을 더 이상 점유하거나 사용할 권리가 없으므로 임차인은 임대인에게 상가를 인도해야 합니다. 그리고 임차인이 상가를 사용하면서 얻은 이익, 즉 차임 상당액은 부당이득에 해당하므로 임대인에게 반환해야 하죠. 이때 부당이득으로 반환해야 할 차임 상당액은 보통 임대차계약에서 정한 약정차임이지만, 임대차계약 당시와 상황이 달라졌다면 임대차계약 종료 시점을 기준으로 한 정당한 차임이 기준이 됩니다(대법원 2001. 6. 1. 선고 99다60535 판결).

주의할 점이 있습니다. 상가건물 임대차보호법(상가임대차법)이 적용되는 상가건물 임대차는 임차인이 임대차보증금을 모두 돌려받기 전까지 임대차계약 관계가 계속 유지되는 것으로 간주됩니다.

위 사례에서 임대차계약이 해지로 종료되는 시점에 임대차보증금이 550만원 남아있으므로 임대차계약은 존속하는 것으로 간주됩니다. 따라서 임대차보증금에서 미지급 차임이 모두 공제되어 남은 임대차보증금이 없게 될 때까지는 영철은 옥순에게 임대차계약에서 정한 차임 100만원에 부가가치세 10만원을 더한 110만원을 지급할 의무를 부담하게 되고, 옥순 역시 국가에 부가가치세 10만원을 지급할 의무를 부담하게 됩니다.

임대차계약의 종료와 부가가치세 지급의무

그렇다면 임대차계약이 종료되었지만 임차인이 임대인의 의사에 반해 상가를 점유하고 있는 때에는 어떨까요? 심지어 임대인이 임차인을 상대로 인도청구를 하고 있는 때에도 '용역의 공급'이 있다고 보아 임대인이 국가에 부가가치세를 납부할 의무가 있을까요? 이해의 편의를 위해 상가임대차법이 없다고 가정해봅시다. 이 경우 일반인의 시각에서 임대인이 임차인에게 상가를 사용하게 한다고 보기 어렵습니다. 또한 임차인은 임대차계약이 종료된 후에 상가를 점유할 아무런 법률상 또는 계약상 권리가 없습니다. '계약상 또는 법률상 원인에 의하여 시설물 등 재화를 사용하게 하는 것'이 '용역의 공급'에 해당한다는 점을 생각하면 임차인이 임대차계약 종료 후 임대인의 의사에 반해 임대차목적물을 점유·사용하는 것을 두고 부가가치세 과세대상인 용역의 공급이 있다고 보기는 어렵습니다.

하지만 과세당국은 타인이 처음부터 무단점유한 경우와 임대차계약 종료로 무단점유한 경우를 따로 구분하여 전자는 용역의 공급이 아니지만 후자는 부가가치세 과세대상이라고 보고 있습니다(부가가치세법 기본통칙 4-0…1 참조).

부가가치세법 기본통칙

4-0…1 (손해배상금 등)

① 각종 원인에 의하여 사업자가 받는 다음 각 호에 예시하는 손해배상금 등은 과세대상이 되지 아니한다.

5. 부동산을 타인이 적법한 권한 없이 처음부터 계약상 또는 법률상의 원인없이 불법으로 점유하여 법원의 판결에 따라 지급받는 부당이득금 및 지연손해금은 용역의 공급에 해당하지 아니한다.

② 부동산임대업을 영위하는 사업자가 부동산임대차 계약기간이 만료되었음에도 불구하고 임차인으로부터 임대한 부동산을 반환받지 못하여 소송을 제기한 경우 그 소송이 종료될 때까지 실질적으로 계속하여 임대용역을 제공하고 임차인으로부터 그 대가를 받거나 동 소송에서 승소하여 건물반환일까지의 임대료상당액을 받는 때에는 그 대가 또는 임대료 상당액은 과세대상이 된다.

대법원 역시 상가임대차법이 적용되지 않는 사안에서 "임대인의 해지로 임대차계약이 해지되어 임차인의 점유가 불법점유가 되더라도, 임차인이 건물을 명도하지 아니하고 계속 사용하고 있고 임대인 또한 임대보증금을 반환하지 아니하고 보유하고 있으면서 향후 월임료 상당액을 보증금에서 공제하는 관계"에 있다면 용역의 공급에 해당한다고 판단하였습니다(대법원 2002. 11. 22. 선고 2002다38828 판결). 그리고 최근에는 명시적으로 판단을 하지는 않았지만 상가임대차법이 적용되는 사안에서 차임 상당액이 계속 공제되어 보증금이 남지 않게 되더라도 계속 용역의 공급이 있다는 취지의 판단을 하였죠(대법원 2021. 5. 13. 선고 2020다255429 판결).

대법원 2021. 5. 13. 선고 2020다255429 판결 ————————————

… 원심은 같은 취지에서, 피고는 월 차임에 대한 부가가치세 상당액을 별도로 지급하기로 약정하였으므로, 임대차계약 종료 후 점유를 계속함으로써 생긴 차임 상당 부당이득에 대하여도 부가가치세 상당액을 부담하여야 한다고 판단하였다. 원심의 이러한 판단은 앞서 본 법리에 기초한 것으로서, 거기에 상고이유 주장과 같이 부당이득에 관한 법리를 오해한 잘못이 없다.

즉 대법원은 상가임대차법 적용 여부와 무관하게 임대차계약 종료 시점에 보증금이 남아있고 임차인이 임대차목적물을 점유·사용

하고 있다면 용역의 공급이 있다고 보고 있습니다. 판례에 의하면 사례에서 옥순(임대인)은 영철(임차인)에게 임대차계약이 종료된 후에도 계속 10만원의 부가가치세 상당액을 청구할 수 있습니다. 물론 그 10만원은 옥순이 가지는 것이 아니라 부가가치세로 납부해야 하죠. 임대차계약 종료 시점에 이미 보증금이 모두 공제되어 남아있지 않다면 어떨까요? 과세당국은 계속 용역의 공급이 있다는 입장이지만, 아직 대법원의 입장은 명확하지 않습니다. 향후 판례의 추이에 주목할 필요가 있습니다.

도박이 부가가치세 과세대상인지에 관한 판결 경향

　부가가치세는 재화 또는 용역의 공급이 있어야 부과될 수 있습니다. 그렇다면 '도박'에는 부가가치세가 부과될 수 있을까요?

　이 문제는 실무에서 중요하게 다뤄집니다. 도박에 부가가치세가 과세되는지, 그리고 과세표준이 어떻게 산정되는지에 따라 부가가치세는 크게 달라지기 때문입니다. 카지노를 예로 생각해봅시다. 카지노에서 게임에 참여하려면 현금으로 칩을 교환해야 합니다. 이 칩 교환을 '재화의 공급'으로 본다면, 카지노는 교환금 전체의 10%를 부가가치세로 납부해야 합니다. 수익률이 환전금의 10% 이하라면, 카지노 운영자는 실질적으로 이익을 낼 수가 없죠. 인터넷 도박도 마찬가지입니다. 도박 사이트의 이용자 100명이 100억원을 입금해 도박을 하여 그 중 일부가 95억원을 환급받았다고 가정해봅시다. 입금액 100억원을 기준으로 부가가치세를 계산하면 도박 사이트 운영자는 부가가치세로만 10억원을 납부해야 합니다.

　그렇다면 과연 도박이란 무엇일까요? 대법원은 "도박에 참여한 사람들이 재물을 걸고 우연에 의하여 재물의 득실을 결정하는 것"이라고 보고 있습니다(대법원 2002. 4. 12. 선고 2001도5802 판결). 즉 대가,

우연성, 보상이라는 세 가지 요소가 모두 있어야 도박에 해당합니다.

그렇다면 도박행위에도 부가가치세가 과세될까요?

도박은 참여한 사람들이 서로 재물을 걸고 우연한 사정이나 사태에 따라 재물의 득실을 결정하는 것이다. 따라서 **도박행위는 일반적으로 부가가치를 창출하는 것이 아니므로 부가가치세 과세대상이 아니다.**

도박행위에 대해서는 부가가치세가 과세되지 않는다는 것이 판례입니다. 카지노가 문제된 사건에서 대법원은 카지노의 입장수입은 부가가치세 과세대상에 해당하지만, 카지노의 도박수입은 부가가치세 과세대상이 아니라고 보았습니다(대법원 2006. 10. 27. 선고 2004두13288 판결).

반면 대법원은 인터넷 도박이나 게임장에 대해서는 다소 다른 판단을 하고 있습니다. 사설 스포츠 토토와 같은 불법 인터넷 도박 사이트나 바다이야기와 같은 불법게임장에시의 도박행위는 부가가치세 과세대상이 된다고 보고 있습니다. 심지어 인터넷 도박 사이트에 환전을 위해 입금된 금액 전부가 용역의 대가로서 부가가치세 산정의 기준이 된다고 보고 있습니다.

··· 도박사업을 하는 경우 고객이 지급한 돈이 단순히 도박에 건 판돈이 아니라 사업자가 제공하는 재화 또는 용역에 대한 대가에 해당한다면 부가가치세 과세대상이다. 따라서 스포츠 도박 사업자가 정보통신망에 구축된 시스템 등을 통하여 고객들에게 도박에 참여할 수 있는 기회를 제공하고 이에 대한 대가로서 금전을 지급받은 경우에는 비록 그 행위가 사행성을 조장하더라도 재산적 가치가 있는 재화 또는 용역의 공급에 해당하므로 부가가치세 과세대상으로 보아야 한다.

이처럼 대법원은 카지노와 인터넷 도박을 달리 보고 있습니다. 이에 대해서는 비판이 있습니다. 인터넷 도박 사이트는 불법이고 카지노는 합법이라는 측면이 대법원 판단에 영향을 주었다는 지적이죠. 물론 대법원 판단을 옹호하는 입장도 있습니다. 카지노는 딜러를 통해 카지노 측이 고객과 함께 도박을 하는 구조인 반면 인터넷 도박 사이트는 플랫폼만 제공할 뿐 도박 자체에는 참여하지 않는 차이가 있다는 것이죠.

현재 법원은 인터넷 도박 사이트의 경우 거의 예외 없이 부가가치세 과세대상에 해당한다고 보고 있습니다. 다만 인터넷 도박 사이트의 게임 방식이 카지노와 유사한 경우에는 어떤 판단을 할지 불분명한 측면이 있습니다. 판례의 추이에 주목할 필요가 있습니다.

4장
건축 중인 건물을 매수하면
취득세는 어떻게?

들어가며: 취득세의 과세요건인 '취득'이란

취득세는 말 그대로 재산을 '취득'하는 행위 자체에 부과되는 세금입니다. 그렇다면 취득세 과세대상인 '취득'이란 무엇일까요? 먼저 지방세법을 볼까요.

지방세법

제6조(정의) 취득세에서 사용하는 용어의 뜻은 다음 각 호와 같다.

1. "취득"이란 매매, 교환, 상속, 증어, 기부, 법인에 대한 헌물출자, 건축 … 그 밖에 이와 유사한 취득으로서 원시취득(…), 승계취득 또는 유상·무상의 모든 취득을 말한다.

법조문에서는 다양한 유형을 열거하고 있지만, 개념이 분명한 것은 아닙니다. 다만 일반적으로 소유권을 취득하는 상황이면 대부분 취득세 과세대상으로 보면 됩니다. 여기서 기억해야 할 점이 있습니다. 취득세는 등기 등 법률상 소유권을 취득하지 않더라도 과세될 수 있다는 것입니다.

취득세법은 물건을 '사실상 취득'해도 과세될 수 있다고 정하고 있습니다. 여기서 말하는 '사실상 취득'이란 무엇일까요? 대법원은 등기와 같은 소유권 취득의 형식적 요건을 갖추지는 못하였으나 대금이 거의 다 지급된 경우처럼 소유권 취득의 실질적 요건을 갖춘 경우라고 보고 있습니다. '거의 다'라는 점이 모호할 수 있습니다. 이것은 잔금의 액수, 전체 대금에서 미지급금이 차지하는 비율 등을 종합해서 판단합니다. 구체적으로 보면, 대법원은 잔금 67,040,000원 중 13,570,236원(대법원 2010. 10. 14. 선고 2008두8147 판결)이 남은 경우나 토지에 대한 현장인수대금 378억원 중 370억원(대법원 2014. 1. 23. 선고 2013두18018 판결)만 지급된 경우는 사회통념상 대금이 거의 전부가 지급되었다고 볼 수 없다고 판단하였습니다.

이처럼 부동산을 매수하는 경우에는 등기 또는 대금 지급 등을 기준으로 판단하고 있습니다. 그렇다면 건물을 새로 짓는 경우에는 언제 취득세가 과세될까요? 사례와 함께 살펴봅시다.

미완성 건물과 취득세

철수는 건설회사와 꼬마빌딩 신축을 위한 공사계약을 체결했다. 하지만 철수는 건설회사가 2층 공사를 마친 후부터 공사비를 지급하지 못했다. 건설회사는 공사계약을 해지하고 미완성 건물에 가압류를 신청했고, 등기소는 법원의 촉탁에 따라 철수 명의로 건물에 관한 소유권보존등기와 건설회사 명의의 가압류등기를 마쳤다. 철수는 친구인 영희에게 미완성 건물을 1억원에 매도하고, 매매대금으로 가압류등기를 말소시켰다. 가압류등기의 말소를 확인한 영희는 구청에 미완성 건물의 취득세로 400만원을 납부하고 소유권이전등기를 마쳤다.

얼마 후 영희는 철수로부터 놀라운 이야기를 들었다. 사용승인을 받지 않은 건물에 대해서는 취득세를 낼 필요가 없고, 나중에 건물을 완공하여 사용승인을 받았을 때 취득세로 280만원만 내면 된다는 것이었다. 이 말을 들은 영희는 구청을 찾아가 자신이 납부한 취득세 400만원을 돌려달라고 따졌다.

취득세란

취득세는 재산의 이전 내지 취득이라는 행위 자체에 부과하는 세금입니다. 유상, 무상을 불문하고 모든 취득 행위에 부과되며, 법률상 소유권을 취득하지 못했어도 사실상 소유권을 취득하였다고 평가되면 취득세 납세의무가 있습니다. 여기서 사실상 소유권을 취득했다는 뜻은 무엇일까요? 토지의 매수인이 법률상 소유자가 되기 위해서는 소유권이전등기를 마쳐야 합니다. 그런데 지방세법에 의하면 소유권이전등기를 마치기 전에도 취득세를 납부해야 할 수 있습니다. 예컨대 토지의 매수인이 매매대금을 모두 지급하였다면 소유권이전등기를 마치지 않았어도 토지를 사실상 취득하였다고 평가되어 취득세를 납부해야 합니다.

취득 유형과 취득세율

취득세율은 취득 대상 및 취득 유형에 따라 달라집니다. 건축물을 새로 신축하여 취득(원시취득)하면 2.8%의 취득세율이 적용되지만, 건축물을 매수하여 취득(유상승계취득)하면 4%의 취득세율이 적용되죠. 위 사례에서 공사가 정상적으로 진행되어 꼬마빌딩 완공 후 사용승인을 받았고, 그 후에 철수가 영희에게 꼬마빌딩을 양도하였다면 철수와 영희가 납부해야 하는 취득세는 얼마일까요? 철수는 원시취득자로서 취득당시가액의 2.8%를 취득세로 납부해야 하고, 영희는 유상승계취득자로서 취득당시가액의 4%를 취득세로 납부해야 합니다.

미완성 건물의 소유권 귀속

　사례처럼 건물이 완공되기 전에 양도되었다면 어떨까요? 대법원은 최소한의 기둥과 지붕 등이 만들어지면 독립한 부동산으로서의 건물이 되고, 건축주가 건물을 원시취득 한다고 보고 있습니다. 철수는 건물이 완공되기 전에도 미완성된 건물의 소유권자로 인정받을 수 있죠. 그러나 소유권이 인정되어도 그 건물을 영희에게 양도할 수는 없습니다. 앞서 본 것처럼 매매를 원인으로 부동산의 소유권을 양도하려면 소유권이전등기가 필요합니다. 그런데 소유권이전등기는 건축주가 건물을 완공하여 사용승인을 받아 건축물대장에 건물을 등록하고 소유권보존등기까지 마친 후에야 신청할 수 있기 때문이죠. 다만 건물 완공 전에도 건축주의 채권자가 가압류신청을 한 사안처럼 건축주의 채권자 보호를 위해 미완성 건물에 대한 소유권보존등기가 예외적으로 허용될 수는 있습니다.

미완성 건물의 신축과 취득세

　그렇다면 건설회사의 가압류에 의해 철수 명의로 미완성 건물의 소유권보존등기가 경료되었다면, 철수는 미완성 건물에 대한 취득세를 납부해야 할까요?

지방세법령은 건축물을 건축하여 취득하는 경우에는 사용승인서를 내주는 날 또는 사실상의 사용일이 건물의 취득일이라고 정하고 있습니다. 철수는 미완성 건물의 소유권을 법률적으로 취득하였고, 나아가 미완성 건물을 양도할 수 있지만, 아직 건물에 대한 사용승인을 받지 않았고 실제로 사용하지도 않았으므로 지방세법상 건물을 취득하였다고 볼 수 없습니다. 즉 철수는 취득세 납세의무가 없습니다.

미완성 건물의 양수와 취득세

소유권이전등기를 마친 영희는 어떨까요? 영희 역시 철수처럼 건물에 대한 사용승인을 받거나 실제로 사용을 하지 않았으므로 지방세법상 건물을 취득하였다고 볼 수 없습니다.

대법원 2018. 7. 11. 선고 2018두33945 판결

…이러한 관련 규정의 체계 및 내용에 비추어 보면, 사용승인서(또는 임시사용승인서)를 받을 수 없고 사실상 사용도 가능하지 않은 미완성 건축물을 매수하여 소유권이전등기를 마친 경우라면 **소유권이전등기와 무관하게 그 이**

후의 사용승인일(또는 임시사용승인일)과 사실상의 사용일 중 빠른 날이 그 건물의 취득일이 된다고 보아야 한다.

대법원은 사용승인서를 받을 수 없고 사실상 사용도 가능하지 않은 미완성 건축물을 매수하여 소유권이전등기를 마친 경우라면 소유권이전등기와 무관하게 그 이후의 사용승인일과 사실상의 사용일 중 빠른 날이 그 건물의 취득일이라고 보았습니다. 즉 영희 역시 취득세 납세의무를 부담하지 않으므로 구청은 영희에게 영희로부터 받은 취득세를 돌려주어야 합니다.

다만 철수나 영희가 미완성 건물의 취득과 관련한 세금을 전혀 내지 않아도 된다는 의미는 아닙니다. 지방세법령은 '취득'과 무관하게 건물의 소유권보존등기를 하는 자는 0.8%의, 소유권이전등기를 하는 자는 2%의 등록면허세를 내야하기 때문이죠. 또한 나중에 건물을 취득하면 추가로 2%의 취득세를 내야합니다. 철수는 미완성 건물의 소유권보전등기가 마칠 때 0.8%의 등록면허세를 내야 합니다. 그리고 영희는 미완성 건물의 소유권이전등기를 경료하면서 2%의 등록면허세를, 나중에 건물의 사용승인을 받거나 실제로 사용할 때 추가로 2%의 취득세를 납부해야 합니다.

건축물의 신축과 취득시기에 관한 대법원 판결

대법원 2023. 12. 28. 선고 2020두49997 판결 —

… 건축물을 건축하여 취득하는 경우에는 사용승인일과 사실상의 사용일 중 빠른 날이 그 건축물의 취득일이 되고, 당시의 건축물 소유자가 취득세 등의 납세의무자에 해당한다고 보아야 한다. 이와 같은 **건축물의 취득시기가 도래하기 전까지는**, 비록 사회통념상 독립한 건물이라고 볼 수 있는 형태와 구조를 갖추었고 그 건물에 대하여 사용승인을 신청하였다거나 소유권보존등기를 마쳤다 하더라도 그 건물에 대하여 취득세 등 납세의무가 성립하였다고 볼 수 없다.

그런데도 원심은 건축물을 신축하는 경우 사회통념상 독립한 부동산으로서 건물의 요건을 갖춘 시점에 취득세 등 납세의무가 성립한다는 잘못된 전제에서, …

신축 중인 건축물의 취득세에 대해서 더 깊이 살펴볼까요. 실무상 신축 중인 건물이 언제 취득세의 과세대상이 되느냐를 두고 다툼이 많습니다. 신축 중인 건물이 양도되었는데, 양수인이 건물을 완성했다고 가정해봅시다. 양도인과 양수인 중 누가 취득세를 내야할까요? 이에 관한 다툼이 많았던 이유는 신축 중인 건물이 언제 독립된 건축물이 되는지에 관한 민법, 건축법 및 지방세법령의 규정이 다르기 때문입니다.

취득세 과세물건으로서의 '건축물'이란 건축법상의 건축물을 의미합니다. 건축법은 건축물을 '토지에 정착하는 공작물 중 지붕과 기둥 또는 벽이 있는 것과 이에 딸린 시설물 등'으로 정의하고 있습니다. 그에 따라 대법원은 '최소한의 기둥과 지붕 그리고 주벽'이 있으면 독립된 부동산이 된다고 보고 있죠(대법원 2002. 4. 26. 선고 2000다16350 판결).

그런데 앞서 본 것처럼 지방세법 시행령 제20조 제6항은 건축물을 건축하여 취득하는 경우에 원칙적으로 '사용승인일(그 전에 임시사용승인을 받은 경우 임시사용승인일)'과 '사실상의 사용일' 중 빠른 날을 취득일로 본다고 정하고 있습니다. 신축 공사를 마쳐야 사용승인신청을 할 수 있으므로 사용승인서 등을 받은 때에 취득세 납세의무가 있고, 다만 건축주가 그보다 먼저 건축물을 수급인으로부터 인도받아 사용하면 건물이 독립된 부동산으로 기능을 갖추었다고 보아 취득세 납세의무가 있다는 입장으로 이해할 수 있습니다. 결론적으로 취득세법령은 취득세 납세의무가 발생하는 '건축물의 취득일'을 민사법상 건물의 취득시기와 다르게 정하고 있습니다.

위 대법원 2020두49997 판결의 원심은 민사법리에 따라 건물에 기둥과 지붕 그리고 주벽이 만들어진 때에 취득세 납세의무가 성립한다고 보았습니다. 그런데 대법원은 취득세 과세대상인 신축 건물의 취득일을 민사법리에 따라 판단해서는 안 되고 지방세법 시행령 제20조 제6항에 따라 판단해야 한다고 보았습니다.

그렇다면 '사실상의 사용일'이란 구체적으로 어떤 의미일까요? 현재 건축물을 본래 목적대로 사용하는 날을 의미한다고 보는 견해와 건축주가 사용할 의사만 있으면 언제라도 사용할 수 있는 상태가 된 날을 의미한다는 견해 대립이 있습니다. 법원 실무는 건축물을 본래 본적대로 사용하는 날을 의미한다고 보는 경향이 있지만, 아직 대법원의 명시적 판단이 없습니다. 신축중인 건물을 양도하는 계약을 체결했다면, 법률전문가의 조력을 받아 관련 내용을 계약서에 명시하는 것이 불필요한 분쟁을 피하는 길입니다.

5장
상속세 신고가 부메랑으로 돌아올 때

들어가며: 양도소득세 계산 방법

양도소득세란 개인이 토지, 건물, 부동산에 관한 권리 등 자산을 양도하면서 발생한 소득에 부과되는 세금입니다. 일반적으로 아래와 같이 계산됩니다.

1. 양도차익 = 양도가액 - 필요경비
※ 필요경비 = 취득가액 + 자본적 지출액 + 양도비용
2. 과세표준 = 양도차익 - 장기보유 특별공제액 - 기본공제액(연 250만원)
3. 양도소득세 = 과세표준 × 세율 (6 ~ 45%, 초과누진세율)

양도소득세는 양도가액이 높을수록, 필요경비가 적을수록 더 많이 부과됩니다. 실무에서는 '얼마에 팔았는지(양도가액)'보다 '얼마를 들여 샀고, 얼마나 비용이 들었는지(필요경비)'를 두고 과세당국

과 납세자 사이에 다툼이 더 빈번합니다.

예를 들어 볼까요? 철수가 5억원에 주택을 매수해 10억원에 매도했습니다. 보유기간 중 1억원을 들여 인테리어 공사를 했고, 매도 시 공인중개사에게 중개보수 1,000만원을 지급했습니다. 이 경우 양도차익은 아래와 같이 계산되는데, 이때 인테리어 공사비가 자본적 지출액으로 인정되느냐에 따라 양도차익이 달라질 수 있습니다.

양도차익 = 양도가액 10억원 - 취득가액 5억원 - 자본적 지출액 1억원(?) - 양도비용 1,000만원

자본적 지출액이란 양도자산의 내용연수를 연장시키거나 그 가치를 현실적으로 증가시키는 수선비 등을 말합니다. 이러한 지출은 필요경비로 인정되어 양도차익을 줄이고, 결과적으로 세금을 줄이는 효과가 있습니다. 반면 단순히 자산의 기능 유지를 위한 보수비용은 수익적 지출에 해당하여 필요경비로 인정되지 않습니다.

그렇다면 인테리어 비용은 자본적 지출액에 해당할까요? 과세당국은 인테리어 공사 내용에 따라 달리 보고 있습니다. 주택의 이용편의를 위한 베란다 샤시, 거실 및 방 확장공사비, 난방시설 교체비 등의 내부시설의 개량을 위한 공사비는 자본적 지출에 해당하지만(소득세법집행기준 97-163-29), 본래의 기능을 유지하기 위한 경비한 개량인 벽지·장판의 교체, 싱크대 및 주방기구 교체비 등은 수익적

지출에 해당하므로 필요경비에 산입되지 않는다는 것이죠(소득세법 집행기준 97-163-30).

철수가 내부시설의 개량을 위해 인테리어 공사비를 지출했다면 필요경비는 6억 1,000만원(취득가액 5억원 + 자본적 지출액 1억원 + 양도비용 1,000만원)이고, 그에 따라 양도차액은 3억 9,000만원(= 양도가액 10억원 - 필요경비 6억 1,000만원)이 됩니다.

상속세 신고와 양도소득세

강릉 토지의 소유자인 철수는 사별한 배우자와 사이에 딸 영희를 두었다. 2014년경 철수가 사망하자 강릉 토지를 상속받은 영희는 강릉 토지의 시가를 개별공시지가인 2억원으로 산정하여 상속세를 신고했다. 관할 세무서장은 영희의 상속세신고가 적정하다고 보고 일괄공제액 5억원을 공제하여 상속세의 과세표준 및 세액을 0원으로 결정하였다.

2025년경 영희는 강릉 토지를 15억원에 양도했다. 영희의 세무사는 영희에게 2014년 상속세를 신고할 때 강릉 토지의 시가를 2억원으로 신고했기 때문에 양도차익 13억(= 15억원 – 2억원)에 대한 양도소득세로 약 3억원을 내야 한다고 알려주었다. 영희는 고민 끝에 감정평가사를 찾아가 강릉 토지의 2014년 당시 시가를 감정해달라고 의뢰했다. 감정평가사는 강릉 토지의 2014년 시가를 7억원으로 감정했다. 영희는 양도소득세를 신고하면서 감정 결과에 따라 취득가액을 7억원으로 산정하여 양도차익 8억원(= 15억원– 7억원)에 대한 양도소득세로 약 2억원을 신고·납부하였다. 하지만 세무서장은 강릉 토지의 취득가액을 2014년 상속세 결정에 따라 2억원으로 봐야한다며 영희에게 양도소득세 약 1억원을 추가로 부과했다.

상속재산과 취득가액

　　양도소득세는 양도가액에서 필요경비를 뺀 양도차익을 기준으로 부과됩니다. 양도가액이 클수록, 필요경비가 낮을수록 양도소득세가 증가하죠. 그렇기에 양도인들은 가능한 필요경비를 높여 양도소득세를 줄이려고 합니다. 이 필요경비 중 가장 큰 비중을 차지하는 것이 취득가액입니다. 취득가액은 원칙적으로 자산 취득에 든 실지거래가액을 의미합니다. 상속받은 자산은 거래로 취득한 것이 아니지만, 소득세법령은 상속개시일 현재 상속세 및 증여세법^(상증세법)에 따라 평가한 가액을 실지거래가액, 즉 취득가액으로 본다고 정하고 있습니다.

소득세법
제97조(양도소득의 필요경비 계산)
① 거주자의 양도차익을 계산할 때 양도가액에서 공제할 필요경비는 다음 각 호에서 규정하는 것으로 한다.
1. 취득가액(…). 다만, (생략)
가. 제94조 제1항 각 호의 자산 취득에 든 실지거래가액
소득세법 시행령
제163조(양도자산의 필요경비)
⑨ 상속 또는 증여(…)받은 자산에 대하여 법 제97조 제1항 제1호 가목을 적용할 때에는 상속개시일 또는 증여일 현재 상증세법 제60조부터 제66조까지의 규정에 따라 평가한 가액(…)을 취득당시의 실지거래가액으로 본다. 다만, (생략)

상증세법은 상속재산을 어떻게 평가할까요? 상증세법은 불특정 다수인 사이에 자유롭게 거래가 이루어지는 경우에 통상적으로 성립한다고 인정되는 가액이 시가라고 하면서 수용가격·공매가격 및 감정가격 등이 시가에 포함된다고 정하고 있습니다. 예외적으로 시가를 산정하기 어려운 경우에는 기준가격(토지의 경우에는 개별공시지가)을 시가로 간주하기도 합니다.

토지처럼 거래가 활발하지 않은 자산은 시가를 알기 어렵습니다. 상속인이 비용을 들여 감정평가를 의뢰해 토지의 시가를 알아낼 수 있지만, 그 경우 대부분 상속재산의 가액이 올라가 더 많은 상속세가 부과될 가능성이 커 감정평가 후에 상속세를 신고하려는 상속인은 많지 않습니다. 과거 과세관청 또한 특별한 사정이 없으면 굳이 예산을 들여 토지에 대한 감정평가를 진행하지 않았습니다. 그래서 상속인이 개별공시지가로 상속세 신고를 하면, 과세관청은 그 신고에 따라 상속세를 결정하는 경우가 많았죠.

상속세 신고와 양도소득의 관계

다만 상속재산의 가액을 낮추는 것이 항상 상속인에게 유리한 것은 아닙니다. 상속재산의 가액을 낮추면, 나중에 그 상속재산을 양도할 때 그만큼 양도차익이 높아져 양도소득세가 많아질 수 있기 때문이죠.

여기서 주의할 점이 있습니다. 과거 소득세법령은 상증세법에 따라 평가한 가액을 실지거래가액, 즉 취득가액으로 본다고 정하고 있었을 뿐 상속세 신고가액이나 상속세 결정가액을 자산의 취득가액으로 본다는 규정을 두지 않았습니다.

이로 인해 어떤 분쟁이 생겼을까요? 상속인이 시가를 쉽게 알 수 있는 토지를 상속받았다고 가정해봅시다. 그런데 상속인은 상속세를 줄이기 위해 토지의 시가를 알기 어렵다며 개별공시지가에 따라 상속세를 신고·납부했습니다. 그리고 과세관청은 상속인의 신고를 믿고 그에 따라 상속세를 결정하였습니다. 이론적으로는 과세관청의 상속세 결정이 잘못된 것이기 때문에 상속인은 상속재산을 양도한 후 양도소득세를 신고할 때 토지의 실제 시가를 취득가액으로 주장할 수 있습니다. 실제 사건에서 이런 주장이 허용되었을까요? 과세관청은 그러한 주장을 배척하려 했지만, 대법원은 상속 개시 이후에 감정이 이루어졌어도 그 감정이 객관적이고 합리적인 방법으로 이루어졌다면, 그 감정가격이 시가로 취득가액이 될 수 있다고 판단하였습니다(대법원 2010. 9. 30. 선고 2010두8751 판결). 상속인의 손을 들어준 것이죠.

상속재산의 양도에 따른 양도소득세를 부과할 때 과세관청이 비록 자산의 상속 당시 시가를 평가하기 어렵다는 이유로 자산의 취득가액을 개별공시지가로 평가하여 과세처분을 하였다고 하더라도, 그 과세처분 취소소송의 사실심 변론종결 시까지 자산의 상속 당시 시가가 입증된 때에는, 그 시가를 기준으로 정당한 양도차익과 세액을 산출한 다음 과세처분의 세액이 정당한 세액을 초과하는지 여부를 판단하여야 한다. 여기서 '시가'란 원칙적으로 정상적인 거래에 의하여 형성된 객관적 교환가격을 의미하지만 이는 객관적이고 합리적인 방법으로 평가한 가액도 포함하는 개념이므로 **거래를 통한 교환가격이 없는 경우에는 공신력 있는 감정기관의 감정가격도 '시가'로 볼 수 있고, 그 가액이 소급감정에 의한 것이라 하여도 달라지지 않는다.**

소득세법 개정에 따른 변화

위 판결 이후 상속세와 양도소득세를 모두 줄이려는 편법이 늘어났습니다. 상속세를 신고할 때는 상속재산의 가액을 기준시가(토지의 경우 개별공시지가)로 계산하여 상속세를 적게 납부한 후, 나중에 상속재산을 양도하여 양도소득세를 신고·납부할 때에는 상속재산의 취득가액을 기준시가가 보다 높은 소급감정가액으로 계산한 것이죠. 이를 허용하면 납세자는 상속세와 양도소득세를 모두 적게 낼 수 있습니다. 물론 상속과 양도 사이의 기간이 길지 않다면 과세관청은 상속세 경정처분을 통해 과거에 걷지 못한 상속세를 추가로 부과할 수 있습니다. 문제는 양도가 상속세의 부과제척기간이 도과한 후에 이루어졌을 때이죠. 이 경우 과세관청은 상속인에게 상속세를 추가로 부과할 수 없습니다. 상속인은 개별공시지가와 감정가액의 차액에 관한 세금만큼 부당한 이익을 볼 수 있습니다.

이에 정부는 2020년경 소득세법 시행령 제163조 제9항을 개정하여 세무서장등이 상속세를 결정·경정한 가액이 있는 경우에는 그 가액이 취득 당시의 실지거래가액으로 간주된다는 내용을 신설하였습니다(아래 제163조 제9항 괄호 부분).

상증세법
제76조(결정·경정)
① 세무서장등은 … 신고에 의하여 과세표준과 세액을 결정한다. 다만, 신고를 하지 않았거나 그 신고한 과세표준이나 세액에 탈루 또는 오류가 있는 경우에는 그 과세표준과 세액을 조사하여 결정한다.
소득세법 시행령
제163조(양도자산의 필요경비)
⑨ 상속 또는 증여(…)받은 자산에 대하여 법 제97조제1항제1호가목을 적용할 때에는 상속개시일 또는 증여일 현재 상증세법 제60조부터 제66조까지의 규정에 따라 평가한 가액(같은 법 제76조에 따라 세무서장등이 결정·경정한 가액이 있는 경우 그 결정·경정한 가액으로 한다)을 취득당시의 실지거래가액으로 본다. 다만, (생략)

과거와 같은 탈법행위를 막겠다는 것이죠. 다시 사례를 볼까요. 세무서장은 강릉 토지의 가액이 2억원임을 전제로 상속세를 결정하였습니다. 개정 전 법령이 적용되었다면 영희가 승소할 수 있었지만, 개정 법령이 적용된다면 영희가 강릉 토지를 매도할 때 취득가액은 2014년 당시 강릉 토지의 실제 시가가 얼마인지와 관계없이 2억원으로 간주됩니다. 결론적으로 세무서장이 한 양도소득세 1억원을 추가 부과는 적법하므로, 영희는 승소하기 어렵습니다.

소득세법 시행령 개정 전 사건에 관한 판결 경향

　앞서 본 것처럼 2020년 소득세법 시행령 제163조 제9항이 개정되었습니다. 세무서장등이 상속세를 결정 또는 경정할 때 확정한 상속재산 가액을 나중에 상속재산을 양도할 때 취득가액으로 본다는 규정이 추가된 것이죠. 개정 전에는 상속세를 신고할 때 상속재산을 기준시가로 낮게 신고해 상속세를 줄이고, 나중에 상속재산을 팔 때 '고가의 소급감정가액'을 취득가액으로 주장해 양도소득세를 줄이는 절세가 가능했습니다.

　그렇다면 개정 전 납세자가 위와 같은 방식의 절세를 하는 것이 실제로 가능했을까요? 물론 가능했습니다. 그렇기 때문에 정부가 소득세법 시행령을 개정했던 것이죠. 다만 상속세 부과제척기간(원칙적으로 상속세 신고기한 다음 날부터 10년)이 지난 뒤 소급감정평가를 받은 때에는 오히려 납세자가 패소한 경우가 많습니다.

　상속세 부과제척기간이 지나기 전에 상속인이 상속재산을 양도한 후 소급감정을 받아 양도소득세를 신고했다면, 적어도 과세관청은 그 소급감정결과에 따라 상속세를 증액할 수 있습니다. 하지만 상속세 부과제척기간이 지난 후에는 과세관청이 상속세를 증액할 수 없습니다. 즉 납세자가 부당한 이익을 얻는다고 볼 수 있는 상황인 것이죠.

상속재산에 대한 감정평가가 상속세 부과제척기간이 지난 후에 이루어진 때에 법원은 어떤 판단을 했을까요? 소급 감정평가결과를 믿을 수 없다며 상속세 신고 당시의 '기준시가'를 양도소득세 계산에 있어 취득가액으로 보아야 한다고 본 판결이 많습니다(서울고법 2021. 6. 11. 선고 2020누41575 판결 등). 심지어 법원감정인의 평가결과조차 배척한 사건이 많습니다. 사감정과 달리 법원감정의 신빙성을 쉽게 배척하지 않는 법원의 판단 경향과 다른 것이죠. 이는 기준시가보다 높은 감정가액을 인정하면 납세자가 부당한 이익을 보게 된다는 점을 고려한 정책적 판단으로 보입니다.

3편

투자와 세금

"주식에서 이익을 냈는데, 세금 계산은 왜 이렇게 복잡하죠?"
"손실은 내가 다 부담하는데, 세금은 왜 그대로 내야 하죠?"
"펀드나 해외 투자도 똑같이 과세되나요?"

누구나 더 나은 수익을 기대하며 부동산이나 주식에 투자합니다. 하지만 생각보다 많은 투자자들이 세금에서 발목을 잡힙니다. 수익을 냈는데 세금을 과하게 내거나, 반대로 줄 수 있는 세금조차 줄이지 못하고 낭패를 보는 경우가 많죠.
이 장에서는 바로 그 '투자와 세금' 사이에 놓인 핵심 이슈들을 다룹니다. 우리가 투자 과정에서 마주하게 되는 의외의 세금 문제들, 그리고 거기 숨어 있는 판례와 실무의 쟁점을 흥미롭게 살펴보려 합니다.

1장
토지거래허가구역의
양도차익에 대한 세금은?

들어가며: 양도소득세 과세대상인 '양도'란

양도소득세는 토지나 건물, 주식과 같은 자산을 팔아서 얻은 이익에 부과하는 세금입니다. 그렇다면 '양도'란 무엇을 의미할까요?

소득세법

제88조(정의) 이 장에서 사용하는 용어의 뜻은 다음과 같다.
1. "양도"란 자산에 대한 등기 또는 등록과 관계없이 매도, 교환, 법인에 대한 현물출자 등을 통하여 그 자산을 유상으로 사실상 이전하는 것을 말한다. …

소득세법에서 정한 양도 개념의 핵심은 두 가지입니다. 첫째, '유상으로', 즉 대가를 받고 자산이 이전되어야 하고, 둘째 '사실상의 이전', 즉 단순한 형식이 아니라 실제로 소유권 또는 그와 유사한 지배권이 넘어가야 한다는 것입니다. 이때 자산의 처분이 소유자의 자의에 의한 것인지 또는 자의에 의하지 않은 것인지는 '양도'에 해당하는지를 판단하는 데 영향을 주지 않습니다(헌법재판소 2007. 4. 26. 선고 2006헌바71 결정). 따라서 경매나 공용수용 모두 소유자의 의사와 관계없이 소유권이 이전되는 것이지만, 소득세법상 '양도' 에 해당합니다.

다만 소득세법은 이에 대한 여러 예외도 정하고 있습니다. 예컨대 토지 경계 조정을 위한 교환은 유상으로 자산을 이전하는 것으로 볼 수 있지만, 일정한 요건을 갖추면 '양도에 해당하지 않는다'고 규정하고 있습니다(소득세법 제88조 제1호 나목). 반대로 일정한 요건을 갖춘 해외 이주의 경우 자산을 팔지 않아도 출국일에 주식 등을 양도한 것으로 본다고 규정하기도 합니다(소득세법 제118조의9 제1항).

결국 소득세법상 '양도'에 해당하는지는 계약서나 등기 이전의 형식만으로 판단하기는 어렵고 구체적 사안에서 법령 해석을 통해 판단해야 합니다. 이 책에서 앞으로 다룰 여러 사례들 역시 '이 사건에서 과연 양도가 있는가'라는 질문과 밀접하게 관련되어 있습니다. 복잡해 보일 수 있지만, 여기서는 우선 "대가를 받고 소유권이나 이에 준하는 지배권을 사실상 넘기면 양도다"라는 원칙만 기억하시면 충분합니다.

토지거래허가와 양도소득세

주식회사 중소개발은 토지거래허가구역인 서울시 우면동 소재 토지를 소유하고 있다. 개발사업을 위한 자금이 필요했던 중소개발은 재력가인 옥순에게 우면동 토지의 매수를 부탁했다. 옥순은 당장 우면동 토지가 필요하지는 않다며 대신 몇 년 뒤에 토지거래허가를 신청하는 조건으로 시세보다 낮게 팔라고 제안했다. 그러면서 토지거래허가를 받지 않아 유동적 무효인 상태에서는 매매대금을 모두 받아도 양도소득세를 내지 않아도 된다는 판례가 있다며 중소개발에도 몇 년 뒤에 토지거래허가를 받는 것이 이익이라고 설득했다. 중소개발은 옥순의 제안을 받아들여 옥순으로부터 매매대금으로 50억원을 모두 받고 옥순에게 우면동 토지에 채권최고액 50억원인 근저당권을 설정해 주었다.

그런데, 얼마 후 과세관청은 중소개발이 우면동 토지를 매도하여 양도차익을 얻었다며 중소개발에 그 양도차익에 대한 법인세를 부과했다. 이에 중소개발은 옥순과의 매매계약이 유동적 무효 상태에 있으므로 중소개발이 양도차익을 얻었다고 볼 수 없다며 법인세 부과가 부당하다고 주장했다.

토지거래허가제도란

토지거래허가제도란 토지의 투기 억제를 위해 시·도지사 등이 특정 지역을 거래규제지역으로 지정하는 제도입니다. 토지거래허가구역으로 지정된 토지의 소유권이나 지상권을 이전하거나 설정하기 위해서는 시장·군수 등의 허가를 받아야 하죠. 토지이용계획이 수립·변경되거나 개발사업이 진행되어 부동산 투기의 가능성이 높은 지역이 토지거래허가제도의 대상 지역이 되는데, 부동산 가격이 급등하자 강남3구 등 서울 도심지 토지가 토지거래허가구역으로 지정되기도 했습니다.

앞서 본 것처럼 부동산거래신고법은 허가를 받지 않고 체결한 토지거래계약은 그 효력이 발생하지 않는다고 정하고 있습니다. 토지거래허가구역 내 토지의 소유권이전등기를 마치기 위해서는 등기 신청을 할 때 토지거래허가서를 첨부해야 합니다. 과거 대법원은 허가를 받지 않은 토지거래계약의 효력이 절대적으로 무효라고 보았지만, 1991년 전원합의체 판결을 통해 허가를 받지 않은 토지거래계약은 무효이지만, 허가를 받으면 그 계약은 소급하여 유효한 계약이 된다고 보았습니다. 즉 대법원은 허가받을 것을 전제로 한 거래계약은 허가를 받기까지는 유동적 무효라고 보고 있습니다.

유동적 무효와 양도소득세

매수인이 허가를 받기 전에 매도인에게 계약금 또는 잔금을 지급했다고 가정해볼까요. 허가를 받지 않은 토지매매계약이 절대적 무효라면, 매매계약은 확정적으로 효력이 없기 때문에 매수인은 매도인에게 언제든지 매매대금의 반환을 청구할 수 있습니다. 반면 유동적 무효라는 대법원에 따르면 매수인은 허가가 거절되는 등 토지매매계약이 확정적으로 무효가 되기 전까지는 매도인에게 지급한 계약금 또는 잔금의 반환을 구할 수 없습니다. 위 사례에서 옥순은 우면동 토지 매매계약이 확정적으로 무효가 되기 전까지는 중소개발에 매매대금 50억원의 반환을 청구할 수 없습니다. 중소개발의 입장에서는 허가를 받은 경우와 별다른 차이가 없죠.

이처럼 허가를 받지 않아도 매도인은 매수인으로부터 받은 매매대금을 계속 보유할 수 있습니다. 그렇다면 실질적으로 매도인에게 매매계약을 통한 양도차익이 발생했다고 봐야하지 않을까요? 그리고 그 양도차익에 대해서는 세금을 부과해야 하지 않을까요? 나중에 무효가 되면 그때 받았던 세금을 돌려주면 되지 않을까요?

그런데 사례에서 옥순의 말처럼 토지거래허가를 받지 않아 매매계약이 유동적 무효의 상태에 있다면 단지 매매대금이 먼저 지급되어 매도인이 이를 보관하고 있더라도 매도인에게 양도소득세를 부과할 수 없다는 것이 판례입니다(대법원 1993. 1. 15. 선고 92누8361 판결). 과세실무 또한 같은 입장에 있습니다(양도소득세 집행기준 88-151-3).

유동적 무효와 종합소득세, 법인세

유의할 점이 있습니다. 위 판례는 세법 전체의 관점에서 보면 예외에 해당한다는 것이죠. 대법원은 기본적으로 소득 발생의 원인이 무효여도 소득의 보유자가 경제적 측면에서 소득을 지배·관리하고 있다면 소득이 발생하였다고 보고 있습니다.

예를 들어 대출 계약이 사기를 이유로 취소되더라도 그 대출 계약에 기하여 이자를 받았고 그 이자를 그대로 보유하고 있다면 이자소득이 존재한다고 보고 있습니다(대법원 2020. 6. 25. 선고 2017두58891 판결). 대법원이 명시적으로 판시를 낸 것은 아니지만, 토지분양사업을 하는 개인이 토지거래허가 구역 내 토지를 허가를 받지 않고 매도한 경우에 사업소득이 발생하였다는 이유로 개인에게 종합소득세를 부과할 수 있다고 본 판결(서울고등법원 2010. 6. 17. 선고 2009누8191 판결), 주식회사가 토지거래허가 구역 내 토지를 허가를 받지 않고 매도한 경우에 양도차익에 대해 법인세를 부과할 수 있다고 본 판결(부산고등법원 2022. 3. 25. 선고 2021누23763 판결)이 모두 대법원에서 확정되었습니다. 즉 대법원은 종합소득세(사업소득)나 법인세에 있어 소득이 발생하였는지를 경제적 실질에 따라 판단하지만, 양도소득세에서만은 과세요건인 '양도'를 '유효한 양도'로 제한해석하여 양도의 원인인 계약이 유동적 무효라면 양도소득이 없다고 보는 것이죠.

<h2 style="text-align:center">중소개발 주장의 당부</h2>

결론적으로 유동적 무효 상태의 매매계약에 따른 부동산 양도차익에 세금이 부과될지 여부는 매도인이 누구인지에 따라 달라지는데, 주식회사의 양도차익에 대해서는 법인세가 부과될 수 있습니다. 결론적으로 중소개발의 주장은 틀렸습니다.

그렇다면 나중에 토지거래허가를 받지 못해 매매계약이 확정적으로 무효가 되어 중소개발이 옥순에게 매매대금을 반환하였다면 중소개발은 납부한 법인세를 환급받을 수 있을까요? 경정청구를 통해 구제받을 수 있으나(서면인터넷방문상담2팀-1457, 2006. 7. 31.), 경정청구의 요건을 갖춰야 합니다.

국세청 2006. 7. 31.자 서면인터넷방문상담2팀-1457

내국법인이 토지거래계약 허가구역 내 토지를 잔금을 받은 후에 토지거래허가를 받아 등기이전을 하기로 약정한 경우 토지매매에 따른 손익귀속시기는 … 대금을 청산한 날이 되는 것이며, **잔금 청산 후 … 토지거래계약에 관한 허가를 받지 아니한 경우에는 당해 토지에 대하여 대금을 청산한 경우라도** 당해 토지 거래계약은 효력이 발생하지 아니하여 자산의 양도 또는 취득으로 보지 아니하는 것으로 **잔금청산일이 속하는 사업연도 법인세 신고 분을 수정신고 또는 경정청구하는 것입니다.**

토지거래허가와 취득세

　지방세법은 부동산 등의 자산을 취득하면 취득세를 납부해야 한다고 정하고 있습니다. 여기서 '취득'에는 유상·무상, 원시·승계취득이 모두 포함되죠. 그런데 지방세법 시행령은 매매와 같은 유상승계취득의 경우에는 사실상의 잔금지급일에 취득한 것으로 간주한다는 규정을 두고 있습니다. 취득세 과세물건을 취득한 자는 그 취득한 날부터 60일 이내에 취득세를 신고하고 납부하여야 하죠.

　그렇다면 토지거래허가구역 토지의 매수인은 언제 취득세를 신고·납부해야 할까요? 지방세법 시행령에 의하면, 토지거래허가를 받지 않아 유동적 무효의 상태에 있는 때에도 잔금지급일에 토지를 취득한 것으로 간주됩니다. 이 원칙을 관철하면, 매수인은 토지거래허가를 받지 않아 토지의 소유권이전등기를 할 수 없는 상황에서도 취득세만 먼저 신고·납부해야 한다는 다소 불합리한 결론에 이르게 되죠. 이에 대해 대법원은 다음과 같이 판단하였습니다.

대법원 2012. 12. 27. 선고 2012두19229 판결 ————————

… 토지거래계약허가구역 내의 토지에 관하여 장차 허가를 받을 것을 전제로 매매계약을 체결하여 그 대금을 지급한 경우, 비록 그 매매계약이 허가를 받

을 때까지는 법률상 미완성의 법률행위로서 효력이 발생하지 아니하지만, 그 후 허가를 받거나 그 토지가 토지거래계약허가구역에서 해제되었다면 그 매매계약은 소급하여 유효한 계약이 되므로, 취득세 부과에 있어서의 토지의 취득시기는 잔금지급일로 보아야 할 것이다.

… 토지거래 허가구역 내의 토지에 관한 매매계약이 토지거래 허가를 받지 아니하여 유동적 무효 상태에 있다면, … 사실상 또는 계약상 잔금지급일이 도래하였다고 하더라도 그 매매계약이 확정적으로 유효하게 되었다고 할 수 없으므로 취득세 신고·납부의무가 있다고 할 수 없고, 그 후 토지거래 허가를 받거나 토지거래 허가구역 지정이 해제되는 등의 사유로 그 매매계약이 확정적으로 유효하게 되었을 때 비로소 취득세 신고·납부의무가 있다 …

즉 대법원은 토지의 취득시기는 잔금지급일이지만, 취득세 신고·납부기한은 토지거래허가일 등을 기준으로 판단해야 한다고 보았습니다. 이것이 어떤 의미일까요? 과세표준 산정 및 적용법령 결정 등 조세실체법 적용은 잔금지급일을 기준으로 판단하지만, 취득세 납세의무의 이행기간이나 부과제척기간 등 조세절차법 적용은 토지거래허가일 등을 기준으로 판단한다는 뜻입니다. 예컨대 과세표준은 잔금지급일을 기준으로 판단하므로 잔금지급일 전까지 발생한 비용은 취득가격에 포함될 수 있지만, 잔금일 후 토지거래허가일까지 발생한 비용은 취득가격에 포함되지 않는 것이죠.

위 대법원 2012. 11. 29. 선고 2012두16695 판결이 선고될 당시에는 지방세법에 토지거래허가와 관련한 별다른 특칙이 없었습니다. 그래서 위 판결이 납세자 보호의 측면에서는 타당하지만, 법적 근거 없이 위와 같이 판단하는 게 정당하냐는 의문이 제기되었죠. 그 후 지방세법이 개정되어 현재 지방세법 제20조 제1항(괄호 부분)은 토지거래허가일 등을 기준으로 취득세의 신고·납부가 있다고 명시하고 있습니다.

지방세법
제20조(신고 및 납부)
① 취득세 과세물건을 취득한 자는 그 취득한 날(「부동산 거래신고 등에 관한 법률」 제10조 제1항에 따른 토지거래계약에 관한 허가구역에 있는 토지를 취득하는 경우로서 같은 법 제11조에 따른 토지거래계약에 관한 허가를 받기 전에 거래대금을 완납한 경우에는 그 허가일이나 허가구역의 지정 해제일 또는 축소일을 말한다)부터 60일[…] 이내에 그 과세표준에 …의 세율을 적용하여 산출한 세액을 대통령령으로 정하는 바에 따라 신고하고 납부하여야 한다.

2장
경매로 부동산 잃은 물상보증인이
양도소득세까지 내야 할까?

들어가며: 통상 경정청구와 후발적 경정청구

조세채무는 세법이 정하는 과세요건이 충족되면 성립합니다. 다만 세금의 종류에 따라 성립 시점은 다릅니다. 예를 들어 소득세나 법인세는 과세기간이 끝나는 때, 상속세는 상속이 개시되는 때, 증여세는 증여를 통해 재산을 취득하는 때에 성립합니다. 이론적으로는 조세채무가 성립하면 내야 할 세금도 자동으로 정해지지만, 현실적으로 그 순간에 납세자로서는 자신이 납부해야 할 세액이 얼마인지 알기 어렵습니다. 예를 들어 아버지가 돌아가신 순간 상속이 개시되고 상속세채무도 성립하지만, 정확히 얼마를 내야 할지는 상속 재산을 일일이 따져봐야 알 수 있습니다.

그래서 국세기본법은 세액을 구체적으로 확정하는 절차('확정행위')를 정해 놓았습니다. 이는 납세자가 직접 세금을 신고하거나 과세관청이 세금을 부과하는 것을 말합니다. 이러한 확정행위가 있어야 과세관청은 납세자를 상대로 세금을 징수할 수 있습니다.

과세관청이 부당하게 많은 세금을 부과했다면 어떻게 해야 할까요? 납세자는 이의신청이나 심판청구 같은 절차를 거쳐 법원에 과세처분의 취소를 구하는 소를 제기할 수 있습니다.

반대로 납세자가 실수로 세금을 많이 신고했다면 어떨까요? 예를 들어 100만원을 내겠다고 신고한 후 세금신고가 잘못된 것을 깨닫고 60만원만 내겠다고 버틸 수 있을까요? 만약 납세자가 나머지 세금을 내지 않으면 과세관청은 나머지 40만원을 내라며 강제징수 절차로 나아갈 수 있습니다. 단순히 60만원만 내겠다고 신고하는 것만으로는 과세관청의 강제징수를 막을 수 없습니다. "100만원이라고 한 세금 신고는 잘못이니, 이를 60만원으로 고쳐달라."는 청구를 해야 하고, 이 청구를 세무서가 받아들여야 비로서 납세자의 주장이 효력을 갖게 됩니다.

이처럼 납세의무자가 과세표준 및 세액을 과다하게 신고한 경우에 이를 바로 잡는 절차가 바로 경정청구입니다(국세기본법 제45조의 2). 애초에 과세표준 신고 당시 사유를 반영하지 못하여 신고서에 오류가 있는 경우에 하는 것을 '통상 경정청구'라고 하고(제1항), 신고·납부 이후 발생한 사유로 경정을 구하는 것을 '후발적 경정청구'라고 합니다(제2항).

이 중 후발적 경정청구에 대해서는 여러 복잡한 논의가 있습니다. 이 책에서 다룰 여러 주제 역시 후발적 경정청구와 관련이 있습니다. 하지만 지금 당장 복잡한 내용까지 알 필요는 없습니다. 중요한 건 내가 세금을 많이 신고했다면 '경정청구'를 해야 하고, 경정청구에는 두 종류가 있다는 것만 기억해 두면 충분합니다.

물상보증과 양도소득세

A는 강원도의 선산을 상속받았다. 선산은 도로에서 떨어진 맹지여서 1억원에 불과했다. 어느 날 부동산개발업자 B가 찾아와 주변 땅까지 매수해 리조트 개발을 할 예정이라며 계약 즉시 2억원을 지급할 테니 선산을 10억원에 팔라고 했다. 다만 자금이 부족하니 선산을 담보로 사업자금을 대출받는 데 동의해달라고 했다. A는 일이 잘못되어도 2억원을 미리 받기 때문에 손해를 보지 않겠다는 생각에 B의 제안에 응했다. B는 A에게 계약금 2억원을 지급했고, 이후 리조트 개발 허가를 받았다. 리조트 개발 허가로 선산의 가치는 크게 높아졌다. B는 은행에 선산을 담보로 20억원을 대출받았다.

그러나 B의 리조트 사업은 자금 부족으로 중단되었고, B는 채권자들을 피해 자취를 감췄다. 은행은 선산을 경매에 부쳤고, C가 20억원에 낙찰받았다. 세무서는 A가 1억원에 상속받은 토지를 20억원에 팔아 19억원의 양도차익을 얻었다며 A에게 양도소득세 9억원을 부과했다.

물상보증인이란

'물상보증인'이란 다른 사람의 채무에 대한 담보로 재산을 제공한 사람을 말합니다. 물상보증인은 담보물로 물적 유한책임을 부담할 뿐 채권자에 대하여 채무를 부담하지 않습니다(대법원 2018. 4. 10.

선고 2017다283028 판결). 무슨 뜻인지 예를 들어볼까요? 갑돌이가 1억원짜리 집과 1,000만원짜리 자동차의 소유자라고 가정해봅시다. 갑돌이가 친구의 채무 1억원에 대해 연대보증을 했다면, 갑돌이는 채권자에 대해 연대보증채무를 부담합니다. 채권자는 갑돌이의 집도, 자동차도 모두 경매에 넘길 수 있습니다. 저가 낙찰로 인해 1억원을 다 받지 못하면 채권자는 갑돌이에게 나머지 빚을 갚으라고 요구할 수 있습니다. 갑돌이가 나중에 받는 월급에 대해서도 압류를 할 수 있죠. 반면 갑돌이가 친구의 채무에 대한 담보로 자신의 자동차를 담보로 제공했다면 어떨까요? 채권자는 자동차를 팔아서 돈을 받아갈 수 있지만, 1,000만원밖에 못받아도 갑돌이에게 돈을 더 달라고 요구할 수 없습니다. 왜냐하면 갑돌이는 담보로 제공한 자동차로만 책임지는 사람, 즉 물상보증인이기 때문이죠.

A가 물상보증인이 된 이유는

요즘 세상에 아직 물상보증인이 있을까 궁금할 수 있습니다. 하지만 경제적 목적을 달성하기 위해 물상보증인이 되는 경우는 적지 않습니다.

A는 왜 물상보증인이 되기로 결정했을까요? A의 선택을 법적으로 분석해봅시다. 앞서 본 것처럼 물상보증인은 연대보증인과 달리 채권자에게 어떠한 채무도 부담하지 않습니다. A가 B의 채무를 연

대보증했다면, A는 은행에 20억원의 연대보증채무를 직접 부담합니다. 은행은 A를 상대로 20억원의 지급을 구하는 소를 제기하여 판결을 받아 선산을 경매에 부칠 수 있습니다. 그 과정에서 받지 못한 돈이 있으면, 계속 A에게 돈을 더 달라고 요구할 수 있죠.

하지만 A는 물상보증인이기 때문에 은행은 A에게 B의 채무를 갚으라고 할 수 없습니다. 오직 근저당권에 기해 선산을 경매에 부칠 수 있을 뿐이죠. 선산이 1억원에 낙찰되어 은행이 1억원만 회수하더라도 A는 나머지 채무에 아무런 책임이 없습니다. 담보로 제공한 선산으로만 책임을 지기 때문이죠.

게다가 물상보증인에게는 구상권도 있습니다. 물상보증인의 구상권은 수탁보증인의 경우에는 '소유권 상실 당시의 부동산의 시가'이고, 부탁없이 보증인이 된 경우에는 '그 당시에 이익을 받은 한도'입니다. A는 B의 부탁으로 물상보증인이 되었으므로, A가 경매로 인해 선산을 잃게 되면 B에게 선산의 시가 상당액을 청구할 수 있습니다. B는 A에게 1억원인 선산의 대가로 10억원을, 일이 잘못되더라도 2억원을 벌 수 있는 제안을 한 것이죠. 여러 법적 리스크를 고려하더라도 B의 제안은 매력적입니다. 실제로 토지 소유자들이 부동산개발업자와 담보제공을 조건으로 한 매매계약을 체결하는 이유가 바로 여기에 있습니다. 그러나 세금 문제를 고려하면, 이야기는 완전히 달라집니다.

담보목적물 매각과 양도세

물상보증인 소유의 부동산이 경매에서 매각되면, 양도소득세를 내야할까요? 소득세법 제88조 제1항은 양도세의 과세요건으로서의 '양도'를 '자산의 유상이전'으로 정하고 있습니다. 자산의 유상이전에는 그 소유권이전의 대가로 현금 또는 현물 등을 받거나 양도자산에 대응하는 다른 자산을 대신 취득하거나 법률상 변제의무가 있는 채무를 소멸시키거나 하는 경우를 모두 포함하죠. 이때 자산의 처분이 소유자의 자의에 의한 것인지 경매 또는 공매와 같이 자의에 의한 것이 아닌지는 양도의 해당 여부를 판단하는 데 아무런 영향을 주지 않습니다. 대법원은 이러한 관점에서 오래 전부터 임의경매로 인한 자산의 매각은 양도소득세의 과세대상인 '양도'에 해당한다고 보고 있습니다.

대법원 1991. 10. 11. 선고 91다14604 판결

저당권의 실행으로 인한 임의경매는 담보권의 내용을 실현하는 환가행위로서 경락인에게 목적 부동산에 대한 소유권이 유상으로 승계되는 것이므로 소득세법 소정의 자산의 양도에 해당되어 양도소득세 …의 과세대상이 된다.

그렇다면 채권자의 담보권 실행으로 인하여 물상보증인 소유의 담보목적물이 임의경매에서 매각되었다면, 그 양도소득세는 누가 납부해야 할까요? 채무자(B)일까요? 아니면 물상보증인(A)일까요?

A가 선산의 소유자였으니 A가 양도인으로서 양도소득세를 내야 한다고 생각할 수 있습니다. 그러나 경매로 인해 누가 이득을 얻는지 보면 생각이 조금 복잡해집니다. 선산의 매각대금은 근저당권자인 은행이 갖게 됩니다. 그로 인해 B는 은행에 대한 대출금 채무가 소멸하는 이익을 얻게 되었죠. 반면 A는 선산을 상실하는 손해만 입었을 뿐 얻은 이익이 없습니다. B에 대한 구상권을 취득하지만, B가 재산이 없으면 구상권의 가치는 없죠. 손해만 본 A가 양도소득세까지 납부해야 할까요? 아니면 은행에 대한 대출금 채무의 소멸이라는 이익을 본 B가 내야 할까요?

이에 대해 대법원은 오래전부터 물상보증인이 양도소득세를 납부해야 한다고 판단해 왔습니다. 양도소득의 대상은 매각대금으로 물건소유자에게 귀속되는 것이고, 저당권자는 경매부동산의 소유자에게 귀속된 매각대금을 채무의 변제로 받은 것에 불과하므로 양도소득의 귀속주체는 경매부동산의 소유자, 즉 물상보증인이라는 것이죠. 나아가 구상권의 행사가 사실상 불가능하게 되었다고 하여도 그러한 사정은 양도소득이 누구에게 귀속되었는지와 무관하다고 보았습니다.

대법원 1991. 4. 23. 선고 90누6101 판결

근저당권실행을 위한 임의경매에 있어서 경락인은 담보권의 내용을 실현하는 환가행위로 인하여 목적부동산의 소유권을 승계취득하는 것이므로 비록 임의경매의 기초가 된 근저당권설정등기가 제3자의 채무에 대한 물상보증으로 이루어졌다 하더라도 경매목적물의 양도인은 물상보증인이고 경락대금도 경매목적물의 소유자인 물상보증인의 양도소득으로 귀속되는 것이고 물상보증인의 주된 채무자에 대한 구상권은 납부된 경락대금이 주채무자가 부담하고 있는 피담보채무의 변제에 충당됨에 따라 그 대위변제의 효과로서 발생하는 것이지 경매의 대가적 성질에 따른 것은 아니기 때문에 주된 채무자의 무자력으로 인하여 구상권의 행사가 사실상 불가능하게 되었다고 하더라도 그러한 사정은 양도소득을 가리는 데는 아무런 영향이 없다.

구상권의 회수불능과 후발적 경정청구

물상보증인이 양도소득세를 납부해야 한다는 대법원 판례가 확고함에도 물상보증인들의 불복은 계속이어졌습니다. 소유권 상실에 이어 양도소득세까지 부담해야 하는 상황을 받아들이지 못한 것이죠. 채무자가 무자력인 때에는 민법이 예정한 물상보증인의 구제수단, 즉 채무자에 대한 구상권이 무용지물이라는 점과 국세기본법이 새로 인정한 후발적 경정청구가 납세자의 권리구제를 확대하기 위한 제도라는 점에 착안해 "채무자에 대한 구상권 회수불능은 후발적 경정청구 사유에 해당한다"는 주장이 있었습니다.

후발적 경정청구란 납세의무가 성립한 후에 과세처분의 기초가 되는 과세표준 및 세액에 영향을 미치는 사유가 발생한 때에는 감액을 청구할 수 있는 제도입니다. 대법원은 위 규정을 근거로 소득의 원인이 되는 채권이 회수불능이 되면 후발적 경정청구를 하여 세금을 감액 받을 수 있다고 보았습니다(대법원 2014. 1. 29. 선고 2013두18810 판결). 이 판결의 구체적 의미는 '조세불복 실무노트'에서 살펴보겠습니다.

사례에서 A가 B로부터 매매대금 10억원 중 8억원만 받고 B에게 소유권이전등기를 마쳐주었다고 가정해 봅시다. A는 잔금 중 2억원을 받지 못했더라도 선산의 양도로 9억원(= 매매대금 10억원 − 취득가액 1억원)의 양도소득을 얻은 것으로 간주되어 9억원에 대한 양도소득세를 납부해야 합니다. 그런데 나중에 B가 파산하여 A가 잔금 2억원을 받지 못하는 것으로 확정되면 어떻게 될까요? A는 세무서에 B로부터 받지 못한 2억원을 양도소득에서 제외해 달라고 청구하여, 2억원 부분에 대한 양도소득세를 반환받을 수 있습니다.

위 사례와 유사한 사건에서 하급심 법원은 위 대법원 2013두18810 판결을 근거로 채무자의 파산 등으로 물상보증인이 구상권을 행사할 수 없음이 확정된 때에는 양도소득에서 구상권 행사불능액을 공제해야 한다고 판결했습니다. 위 사례에서 A의 B에 대한 구상권 20억원이 행사불능이므로 A의 양도소득 20억원에서 구상권 행사불능액 20억원을 빼야 하고, 결국 A는 양도소득이 없으므로

A에 대한 양도소득세 부과는 부당하다고 보았습니다.

　그러나 대법원은 물상보증인이 취득하는 구상권은 소득의 원인인 채권이 아니라는 이유에서 위 판결을 파기했습니다. A가 얻은 소득은 C가 매각대금을 납입하였기 때문에 발생한 것이지, B에 대한 구상권 취득으로 발생한 것이 아니기 때문에 구상권이 행사불능이라는 사정은 양도소득에 아무런 영향이 없다는 이유였죠.

대법원 2021. 4. 8. 선고 2020두53699 판결

국세기본법 제45조의2 제2항에서 정한 후발적 경정청구는 납세의무 성립 후 일정한 후발적 사유의 발생으로 과세표준과 세액을 산정하는 근거가 된 사항에 변동이 생긴 경우에 할 수 있다. **물상보증인이 담보로 제공한 부동산이 경매절차에서 매각된 다음 채무자의 파산 등으로 물상보증인의 구상권 행사가 불가능하게 되었더라도, 이는 목적부동산의 매각에 따른 물상보증인의 양도소득이 성립하는지 여부에는 아무런 영향을 미치지 않는다.** 따라서 위와 같은 사정이 발생하더라도 양도소득세 과세표준과 세액을 산정하는 근거가 된 사항에 변동을 가져오지 않으므로 … 후발적 경정청구사유에 해당한다고 볼 수 없다.

입법적 해결의 필요성

　결국 A는 상속받은 선산의 소유권을 상실하고 9억원에 이르는 거액의 양도소득세를 부담해야 합니다. 그렇다면 일본은 어떨까요?

일본도 과거에는 우리나라와 같은 입장이었지만 입법으로 해결했습니다. 일본은 1962년 소득세법을 개정하여 구상금채권의 행사불능액을 소득금액계산상 없는 것으로 간주하는 규정을 두고 있습니다. 사실 구상권을 행사할 수 없는 물상보증인이 경매에 따른 양도소득세까지 부담하는 것은 가혹한 면이 있습니다. 우리도 입법으로 위 문제를 해결할지 고민할 필요가 있습니다.

채권의 회수불능과 후발적 경정청구

앞서 본 것처럼 소득의 원인이 되는 채권이 회수불능이 되면 후발적 경정청구를 할 수 있다는 것이 판례입니다. 실무에서 납세자들이 자주 인용하는 판례이죠.

대법원 2014. 1. 29. 선고 2013두18810 판결

… 소득의 원인이 되는 권리가 확정적으로 발생하여 과세요건이 충족됨으로써 일단 납세의무가 성립하였다 하더라도 그 후 **일정한 후발적 사유의 발생으로 말미암아 소득이 실현되지 아니하는 것으로 확정됨으로써 당초 성립하였던 납세의무가 그 전제를 잃게 되었다면**, … 특별한 사정이 없는 한 납세자는 … 후발적 경정청구를 하여 그 납세의무의 부담에서 벗어날 수 있다고 보아야 한다.

위 판결은 어떤 의미일까요? 위 판결을 이해하기 위해서는 먼저 '권리확정주의'라는 개념을 알아야 합니다.

예를 들어 볼까요. 부동산 임대업자인 갑돌이는 2023년 1월에 을순이에게 오피스텔을 임대하고, 매월 말일에 월세 100만원을 받기로 계약했습니다. 그런데 을순이가 돈이 없다면 차임 지급을 미루면 어떨까요? 실제로 돈을 못 받았으니 소득이 없는 것으로 보고 세금을 내지 않으면 될까요?

그렇지 않습니다. 갑돌이는 2023년 한 해 동안 받기로 한 월세 1,200만원 전부를 2023년 소득으로 신고하고 세급을 납부해야 합니다. 소득세법 시행령 제48조 제10의4호가 "자산 임대소득의 수입시기는 계약 또는 관습에 따라 지급일이 정해졌다면, 그 정해진 날이다."라고 정하고 있기 때문입니다.

이처럼 실제로 돈을 받은 때가 아니라 받을 권리가 구체화된 시점을 기준으로 소득이 발생한 것으로 보는 방식을 '권리확정주의'라고 하고, 소득세법과 법인세법이 기본적으로 이에 따라 수입시기를 정하고 있습니다.

이 때문에 복잡한 문제가 발생합니다. 소득세법은 잉여금의 처분에 의한 배당소득의 수입시기를 그 법인의 잉여금 처분결의일, 즉 주주총회 결의일로 정하고 있습니다(제46조 제2호). 주주는 배당금을 실제로 받기도 전에 소득세를 신고·납부해야 하는 것이죠. 회사가 2024년 말에 주주총회에서 배당을 결의했고, 그에 따라 주주가 2024년 소득세를 신고할 때 배당소득이 발생하였다고 보아 세금을 납부하였는데, 회사가 2025년까지도 배당금을 지급하지 못하고 파산했다면 어떨까요? 주주는 이미 납부한 소득세를 돌려받아야 하지 않을까요?

위 대법원 2013두18810 판결은 이러한 배경에서 나온 것입니다. 즉 권리확정주의에 따라 납세의무가 성립한 후에도 소득의 원인이 된 채권이 회사불능된 경우에는 권리확정주의의 한계를 인정한 것입니다. 주주는 회사의 도산이라는 후발적 사유가 발생했다고 주장·증명하여 이미 납부한 세금을 돌려받을 수 있습니다.

그렇다면 대법원은 물상보증인의 구상권 회수불능은 왜 후발적 경정청구 사유가 아니라고 보았을까요? 물상보증인의 양도소득은 낙찰인이 낙찰대금을 지급함으로써 이미 실현되었다고 보았기 때문입니다. 물상보증인의 채무자에 대한 구상권은 그 이후에 발생한 별개의 권리이므로 그 회수불능은 양도소득세와 관련이 없다는 것이죠.

3장
매매계약이 해제되면 세금을 돌려받을 수 있을까?

들어가며: 계약 해제의 효과

부동산을 사고파는 계약은 우리 인생에서 가장 크고 중요한 계약 중 하나입니다. 그런데 상대방이 매매대금을 주지 않거나, 등기를 넘겨주지 않으면 어떻게 해야 할까요?

이때 사용할 수 있는 법적 수단이 바로 계약 해제입니다. 계약이 해제되면 어떤 법적 효과가 발생할까요? 예를 통해 살펴보겠습니다.

철수(매도인)는 영희(매수인)에게 아파트를 5억원에 매도하는 계약을 체결했습니다. 철수는 영희로부터 계약금과 중도금 4억원만 받은 채 영희의 부탁으로 영희에게 먼저 소유권이전등기를 마쳐주고, 아파트를 인도해주었습니다. 잔금 지급 기일이 지난 후 철수가 여러 차례 독촉을 했음에도 영희는 잔금 1억원을 지급해주지 않았습니다. 이 경우 철수는 매매계약을 해제할 수 있습니다.

민법은 계약 해제의 효과에 대해 아래와 같이 정하고 있습니다.

민법
제548조(해제의 효과, 원상회복의무)
① 당사자 일방이 계약을 해제한 때에는 각 당사자는 그 상대방에 대하여 원상회복의무가 있다. 그러나 제삼자의 권리를 해하지 못한다.
② 전항의 경우에 반환할 금전에는 그 받은 날로부터 이자를 가하여야 한다.
제551조(해지, 해제와 손해배상)
계약의 해지 또는 해제는 손해배상의 청구에 영향을 미치지 아니 한다.

계약이 해제되면 계약의 효력은 계약 성립시점으로 소급하여 상실됩니다. 그에 따라 철수와 영희는 계약이 없었던 상태로 되돌릴 원상회복의무를 부담합니다(민법 제548조 제1항). 계약 체결 전의 상태로 돌려놓을 의무가 있는 것이죠. 철수는 영희에게 4억원을 반환해야 합니다. 이때 철수는 민법 제548조 제2항에 따라 영희에게 4억원을 반환할 때 4억원에 대해 받은 날부터 법정이자를 더해 돌려줘야 합니다(대법원 2000. 6. 23. 선고 2000다16275, 16282 판결).

영희는 자신 명의의 소유권이전등기를 말소하고, 철수에게 아파트를 넘겨주어야 하죠. 철수가 영희에게 4억원의 이자를 지급해야 하는 것처럼 영희는 철수에게 아파트의 사용이익을 반환할 의무가 있습니다. 대법원은 영희가 반환해야 할 사용이익액을 원칙적으로 아파트의 임료 상당액으로 보고 있습니다(대법원 2024. 2. 29. 선고 2023다289720 판결).

계약이 해제되면 계약의 효력은 계약 성립시점으로 소급하여 상실되므로, 논리적으로는 계약상 채무도 소급하여 소멸하게 되어 채무불이행에 기한 손해배상을 인정할 근거가 부족합니다. 하지만 상대방의 채무불이행으로 인해 발생한 손해는 해제에도 불구하고 남으므로 채권자 보호를 위해 민법 제551조는 계약의 해제가 손해배상의 청구에 영향을 미치지 않는다고 정하고 있습니다. 따라서 철수는 영희의 잔금 미지급으로 인해 발생한 손해가 있다면 영희에게 그 손해배상을 구할 수 있습니다.

그렇다면 계약이 해제되면, 당사자들이 계약이 해제되기 전에 납부했던 세금은 어떻게 될까요? 모두 돌려받을 수 있을까요? 사례와 함께 살펴봅시다.

계약의 해제·취소와 세금

철수는 태양광발전소를 짓기 위해 영희 소유의 토지를 매수했다. 철수는 취득세를 납부했고, 영희는 양도소득세를 납부했다. 그런데 얼마 후 태양광발전소 설치에 관한 조례가 개정돼 그 토지에서는 태양광발전소 설치가 불가능해졌다. 철수는 영희에게 위약금을 줄 테니 매매계약을 해제하자고 사정했다. 그러면서 매매계약을 합의해제하면 납부한 세금을 돌려받지 못하니 매매계약이 취소된 것으로 가장하자고 했다. 영희는 양도소득세뿐만 아니라 위약금까지 받을 수 있다는 생각에 승낙했다.

철수는 영희를 피고로 하여 "매매계약을 착오를 이유로 취소하니 매매대금을 돌려달라"는 내용의 소장을 법원에 제출했고, 영희는 철수의 주장이 맞다는 답변서를 제출했다. 이에 법원은 영희가 자백하였다며 철수 승소판결을 선고했다. 철수와 영희는 세무서에 위 판결을 근거로 매매계약이 취소되었으니 양도소득세와 취득세를 돌려달라고 했다. 세무서는 영희에게 양도소득세를 돌려주었지만, 철수에게는 취득세를 돌려주지 않았다. 이에 철수는 취득세를 돌려달라는 심판을 제기했다.

부동산 양도와 세금

부동산이 양도되면 매도인은 양도소득세를, 매수인은 취득세를 납부해야 합니다. 그런데 매매계약이 일방의 채무불이행을 이유로 해제됐다면, 매도인 또는 매수인은 납부한 세금을 돌려받을 수 있을까요? 매매계약이 모두 이행된 후 매도인과 매수인이 매매계약을 해제하기로 합의했다면 어떨까요?

법정해제와 합의해제

계약의 위반이 있으면 상대방은 민법에 따라 계약을 해제할 수 있습니다. 민법 제544조는 "당사자 일방이 채무를 불이행하면 상대방은 상당한 기간을 정하여 이행을 최고한 후 계약을 해제할 수 있다"고 정하고 있습니다. 매도인이 매수인에게 소유권이전등기를 마쳐주었음에도 불구하고 매수인이 매매대금을 지급하지 않으면, 매도인은 매매대금을 달라고 독촉한 후 매매계약을 해제할 수 있죠. 이와 같은 법에 근거한 해제를 '법정해제'라고 합니다. 계약이 법정해제되면 계약의 효력은 소급해 소멸합니다. 매매계약의 효력이 처음부터 없었던 것으로 간주되기 때문에 매수인은 소유권이전등기를 마쳤더라도 법적으로는 처음부터 소유권을 취득한 적이 없었던 것으로 취급됩니다.

그렇다면 매도인과 매수인이 계약을 모두 이행한 후 매매계약의 효력을 소급적으로 소멸시키기로 합의한 경우, 즉 '합의해제'의 경우에도 법정해제와 같이 매매계약의 효력이 소급해 소멸할까요? 대법원은 합의해제의 경우에도 계약의 효력이 소급해서 소멸한다고 보고 있습니다.

계약의 합의해제에 있어서도 민법 제548조의 계약해제의 경우와 같이 이로써 제3자의 권리를 해할 수 없고, 계약은 소급하여 소멸하게 되어 해약당사자는 각 원상회복의 의무를 부담하게 되나 이 경우 계약해제로 인한 원상회복등기 등이 이루어지기 이전에 해약당사자와 양립되지 아니하는 법률관계를 가지게 되었고 계약해제 사실을 몰랐던 제3자에 대하여는 계약해제를 주장할 수 없고, 이 경우 제3자가 악의라는 사실의 주장·입증책임은 계약해제를 주장하는 자에게 있다고 할 것이다.

해제·취소와 양도소득세

먼저 양도소득세에 관해 볼까요. 대법원은 법정해제 또는 합의해제가 있으면 계약의 효력이 소급해 상실돼 매도인이 자산을 양도한 것으로 볼 수 없기 때문에 매도인에게 양도소득세를 부과할 수 없다고 보고 있습니다. 매수인이 매도인에게 매매대금을 지급하여 매도인의 계좌에 매매대금이 입금돼 있더라도 법적으로 그 돈은 처음부터 잘못 입금된 돈이기 때문에 매도인에게 양도로 인한 소득이 있다고 볼 수 없다는 것이죠.

부동산에 대한 매매계약을 체결하고 양도대금을 모두 지급받았다고 하더라도 매매계약의 이행과 관련한 분쟁으로 인하여 매매계약이 합의해제되었다면, 위 매매계약은 그 효력이 소급하여 상실되었다고 할 것이므로 매도인에게 양도로 인한 소득이 있었음을 전제로 한 양도소득세부과처분은 위법하며, 과세관청의 부과처분이 있은 후에 계약해제 등 후발적 사유가 발생한 경우 이를 원인으로 한 경정청구제도가 있다 하더라도 이와는 별도로 그 처분 자체에 관하여 다툴 수 있다고 할 것이다.

매도인이 이미 양도소득세를 신고·납부했다면 국세기본법에 따른 경정청구 등을 통해 신고·납부했던 양도소득세를 돌려받을 수 있습니다. 계약이 취소된 경우에도 해제와 마찬가지로 양도소득세를 돌려받을 수 있습니다. 계약의 취소 또한 계약의 효력을 소급해 소멸시키기 때문이죠.

해제·취소와 취득세

취득세는 어떨까요? 대법원은 취득세 납세의무가 성립하였다면 계약이 해제되더라도 취득세에는 영향이 없다고 보고 있습니다.

취득세의 납세의무를 규정한 법 제105조 제2항에서 말하는 부동산의 취득이란, 부동산의 취득자가 실질적으로 완전한 내용의 소유권을 취득하는가의 여부에 관계없이 소유권이전의 형식에 의한 부동산취득의 모든 경우를 포함하고, 부동산 취득세는 부동산의 취득행위를 과세객체로 하여 부과하는 행위세이므로, 그에 대한 조세채권은 그 취득행위라는 과세요건 사실이 존재함으로써 당연히 발생하고, 일단 적법하게 취득한 이상 그 이후에 매매계약이 합의해제되거나, 해제조건의 성취 또는 해제권의 행사 등에 의하여 소급적으로 실효되었다 하더라도 이로써 이미 성립한 조세채권의 행사에 아무런 영향을 줄 수는 없다.

매수인이 소유권이전등기를 마치고 취득세를 납부하였다면 합의해제뿐만 아니라 법정해제가 있더라도 매수인은 취득세를 돌려받을 수 없습니다. 반면 대법원은 해제와 달리 계약이 취소된 경우에는 취득세를 돌려받을 수 있다고 보고 있습니다(대법원 2013. 6. 28. 선고 2013두2778 판결). 매수인이 사기 등을 이유로 매매계약을 적법하게 취소하였다면 매수인은 취득세를 돌려받을 수 있습니다. 취소와 법정해제 모두 법에 의해 계약의 효력이 소급해 소멸한다는 점에서 동일하므로 법정해제가 있었던 경우에도 취득세를 돌려주어야 한다는 비판이 있지만, 대법원은 취득세와 관련하여 취소와 법정해제를 다르게 취급합니다.

취소를 가장한 합의해제와 취득세

　사례를 봅시다. 영희는 매매계약이 취소된 경우뿐만 아니라 합의해제된 경우에도 양도소득세를 돌려받을 수 있습니다. 반면 철수는 매매계약이 취소되면 취득세를 돌려받을 수 있지만 합의해제됐다면 돌려받지 못합니다. 그렇기 때문에 철수가 영희에게 계약이 취소된 것으로 가장하자고 제안한 것이죠.

　실제로도 사례와 같이 계약을 합의해제했으나 취득세 등을 돌려받으려고 계약을 취소한 것으로 가장하기 위해 허위소송을 제기하는 사람들이 있습니다. 이에 대법원은 착오를 이유로 한 계약의 취소가 이루어졌다고 하더라도 그 착오의 내용이나 계약을 취소하는 목적 등을 볼 때 실질적으로 합의해제라고 볼 수 있는 경우에는 합의해제가 있었던 경우와 같이 취득세를 돌려받지 못한다고 판단했습니다.

대법원 2013. 6. 28. 선고 2013두2778 판결

… 증여계약이 무효이거나 취소된 경우에는 처음부터 취득세의 과세대상이 되는 사실상의 취득행위가 있다고 할 수 없으나, 조세소송에서 과세처분의 위법 여부를 판단하는 기준시기는 그 처분 당시라 할 것이어서 착오를 이유로 증여계약의 취소가 이루어졌다고 하더라도 그 착오의 내용이나 증여 의사표시를 취소하는 목적 등에 비추어 볼 때 사실상 과세처분이 이루어진 이후의 사정에 근거한 것으로서 그 실질에 있어서는 과세처분 후 증여계약을 합

의해제하는 것에 불과한 경우에는 그 취소로 인한 취득세 과세처분의 효력에 대하여도 합의해제에 관한 위 법리가 그대로 적용된다.

결론적으로 철수는 매매계약이 취소됐다는 판결을 받았지만 실질적으로는 매매계약을 합의해제한 것이기 때문에 취득세를 돌려받을 수 없습니다.

지방세기본법상 후발적 경정청구와 취득세

앞서 본 것처럼 오래전부터 대법원은 매매계약이 해제되어도 이미 납부한 취득세를 돌려받을 수는 없다는 입장을 유지해왔습니다. 하지만 2011년 지방세기본법이 시행되면서, 지방세에도 '후발적 사유에 따른 경정청구' 제도가 도입되었습니다. 그래서 계약 해제 같은 후발적 사유가 생겼을 때, 취득세를 돌려받을 수 있는 길이 입법적으로 열린 것이 아니냐는 주장이 제기되었습니다.

지방세기본법

제50조(경정 등의 청구)

② 과세표준 신고서를 법정신고기한까지 제출한 자 또는 지방세의 과세표준 및 세액의 결정을 받은 자는 다음 각 호의 어느 하나에 해당하는 사유가 발생하였을 때에는 … 그 사유가 발생한 것을 안 날부터 90일 이내에 결정 또는 경정을 청구할 수 있다.

3. 제1호 및 제2호의 사유와 유사한 사유로서 대통령령으로 정하는 사유가 발생하였을 때

지방세기본법 시행령

제30조(후발적 사유)

법 제50조 제2항 제3호에서 "대통령령으로 정하는 사유"란 다음 각 호의 어느 하나에 해당하는 경우를 말한다.

2. 최초의 신고·결정 또는 경정을 할 때 과세표준 및 세액의 계산근거가 된 거래 또는 행위 등의 효력과 관계되는 계약이 해당 계약의 성립 후 발생한 부득이한 사유로 해제되거나 취소된 경우

특히 지방세기본법 시행령 제30조 제2호는 후발적 경정청구의 사유로 '해제'를 명시하고 있습니다. 이 조항만 보면, 매매계약이 해제되면 지방세의 한 종류인 취득세를 돌려받을 수 있을 것처럼 보입니다. 하지만 대법원은 아래처럼 취득세의 유통세적 성격을 중시하여 그러한 해석에 선을 그었습니다. 이 판결에 대해서는 학계의 일부 비판이 있지만, 기억해야 할 것은 대법원은 매매계약 해제가 적어도 취득세에 있어서는 후발적 경정청구 사유가 아니라고 보고 있다는 것입니다.

대법원 2018. 9. 13. 선고 2018두38345 판결

취득세는 본래 재화의 이전이라는 사실 자체를 포착하여 거기에 담세력을 인정하고 부과하는 유통세의 일종으로, 취득자가 재화를 사용·수익·처분함으로써 얻을 수 있는 이익을 포착하여 부과하는 것이 아니다(…). 이처럼 부동산 취득세는 부동산의 취득행위를 과세객체로 하는 행위세이므로, 그에 대한 조세채권은 그 취득행위라는 과세요건 사실이 존재함으로써 당연히 발생하고, 일단 적법하게 취득한 이상 그 이후에 매매계약이 합의해제되거나, 해제조건의 성취 또는 해제권의 행사 등에 의하여 소급적으로 실효되었다 하더라도, 이로써 이미 성립한 조세채권의 행사에 아무런 영향을 줄 수 없다(…).

이러한 취득세의 성격과 본질 등에 비추어 보면, **매매계약에 따른 소유권이전등기를 마친 이후 계약이 잔금 지체로 인한 해제권 행사로 해제되었음을** 전제로 한 조정에 갈음하는 결정이 확정되었다고 하더라도, 일단 적법한 취득행위가 존재하였던 이상 위와 같은 사유는 특별한 사정이 없는 한 취득행

위 당시의 과세표준을 기준으로 성립한 조세채권의 행사에 아무런 영향을 줄
수 없다. 따라서 위와 같은 사유만을 이유로 구 지방세기본법…에 따른 통상
의 경정청구나 … 지방세기본법 시행령(…) 제30조 제2호 등에 따른 후발적
경정청구를 할 수도 없다.

4장
증여계약이 사해행위라고 취소되면
이미 낸 증여세는?

들어가며: 채권자취소권의 효력

채권자취소권이란 채무자가 채권자에게 피해를 줄 것을 알면서 자기의 재산을 줄이거나 빼돌리는 행위(사해행위)를 한 경우에 채권자가 모든 채권자를 위하여 그 사해행위를 취소하여 채무자의 책임재산을 회복시키는 채권자의 권리입니다.

민법

제406조(채권자취소권)

① 채무자가 채권자를 해함을 알고 재산권을 목적으로 한 법률행위를 한 때에는 채권자는 그 취소 및 원상회복을 법원에 청구할 수 있다. …

제407조(채권자취소의 효력)

전조의 규정에 의한 취소와 원상회복은 모든 채권자의 이익을 위하여 그 효력이 있다.

사해행위가 증여인 경우에는 사해행위가 취소되더라도 증여받은 재산만 반환하면 된다는 생각에 큰 고민 없이 채무자의 사해행위에 가담하는 사람(수익자)이 있습니다. 민사법적 측면에서만 보면 맞을 수도 있지만 세금까지 고려하면 이야기가 전혀 달라집니다.

채권자취소권과 세금에 관한 논의를 이해하려면 먼저 사해행위 취소의 효력을 알아야 합니다. 채권자취소의 효력은 소송당사자인 채권자와 수익자 또는 전득자 사이에서만 발생한다는 것이 판례입니다.

대법원 2007. 4. 12. 선고 2005다1407 판결 ─────────────
채권자가 사해행위의 취소와 함께 수익자 또는 전득자로부터 책임재산의 회복을 명하는 사해행위취소의 판결을 받은 경우 그 취소의 효과는 채권자와 수익자 또는 전득자 사이에만 미치므로, 수익자 또는 전득자가 채권자에 대하여 사해행위의 취소로 인한 원상회복 의무를 부담하게 될 뿐, 채무자와 사이에서 그 취소로 인한 법률관계가 형성되거나 취소의 효력이 소급하여 채무자의 책임재산으로 회복되는 것은 아니다.

───

채권자취소의 효력이 상대적이라는 것은 어떤 의미일까요? A(채권자)가 B(채무자)에게 10억원의 채권을 가지고 있는데, B의 유일한 재산이 시가 5억원인 아파트라고 가정해봅시다. B의 사정을 잘 아는 C(수익자)가 B로부터 부동산을 5억원에 매수했습니다. B가 유일한 부동산을 소비하기 쉬운 금전으로 바꾸는 행위는 사해행위가 될 수 있습니다. A는 채권자취소의 소를 제기해 B와 C 사이의 매매계약을 취소할 수 있습니다. 이때 채권자취소의 소는 채무자가 아니라 수익자를 상대로 제기해야 한다는 것이 판례입니다.

A가 C를 상대로 제기한 채권자취소의 소에서 승소확정 판결을 받으면 B와 C 사이의 매매계약은 A에 대한 관계에서 취소됩니다. 이때 취소판결의 효력이 채무자인 B와 수익자인 C 사이에서 발생하지 않는다는 대법원 판결은 어떤 의미일까요?

이해의 편의를 위해 취소판결의 효력이 B와 C 사이에서도 발생한다고 가정해봅시다. 그렇다면 C는 아파트의 소유권이전등기를 말소해 줄 의무가 있지만, 반대로 B에게 자신이 매매대금으로 지급한 5억원을 받을 권리도 생깁니다. A가 취소판결을 받은 후 아파트에 대한 경매를 신청하면, C 역시 그 경매절차에서 5억원의 배당을 요구할 수 있습니다.

취소판결의 효력이 A와 C 사이에서만 발생하고, B와 C 사이에서 생기지 않는다면 어떻게 달라질까요? A는 C 명의로 마쳐진 아파트 소유권이전등기를 말소한 후 그 아파트에 경매를 신청할 수 있습니다. 하지만 C는 그 경매절차에서 5억원의 배당을 요구할 수 없습니다. 왜냐하면 B와 C에 대한 관계에서는 매매계약이 유효하기 때문에 B에게 5억원의 매매대금 반환을 구할 권리가 발생하지 않기 때문이죠.

다소 복잡한 이야기이지만, 채권자취소판결의 상대적 효력은 A와 같은 채권자들을 보호하고 C와 같이 사해행위에 참여한 수익자에게 불이익을 주는 결과가 가져옵니다. 사해행위가 증여라면 수익자가 별다른 피해를 보지는 않지만, 사해행위가 매매라면 수익자는 세금 문제를 제외해도 큰 피해를 볼 수 있습니다.

이제부터 살펴볼 채권자취소권과 세금 문제는 사해행위취소판결의 상대적 효력과 관련되어 있습니다. 그 상대적 효력을 세법문제에서 어느 정도까지 그대로 인정할 것인지의 문제이지요. 함께 천천히 살펴봅시다.

사해행위 취소와 세금

영희는 철수로부터 가상자산 투자를 권유받고 철수에게 5억원을 투자했다. 하지만 철수는 약속과 달리 영희로부터 받은 돈으로 아파트를 매수해 아들에게 증여했다. 철수 아들은 과세관청에 증여세로 약 1억원을 납부했다.

철수의 거짓말을 알게 된 영희는 철수를 상대로 투자금 반환청구의 소를 제기해 승소했지만, 철수 명의로 된 재산이 없어 돈을 받을 수 없었다. 영희는 철수 아들을 상대로 아파트 증여계약이 사해행위로서 취소되어야 한다고 주장하며 채권자취소 및 원상회복의 소를 제기했고, 이에 철수 아들은 증여계약이 사해행위로 취소되더라도 자신이 납부한 증여세 약 1억원은 공제되어야 한다고 주장했다.

채권자취소권이란

채권자로부터의 강제집행을 피하기 위해 일부러 자신의 재산을 친인척 등 제3자에게 넘기는 사람이 있습니다. 이때 채권자가 제3자에게 넘어간 재산을 다시 채무자 명의로 되돌려 강제집행에 나아갈 수 있는 권리가 바로 채권자취소권(민법 제406조)입니다.

사례에서 철수는 아들과 아파트 증여계약을 체결하고, 아들에게 아파트를 넘겼습니다. 여기서 철수를 '채무자'라고 부르고, 철수가 아들에게 자신의 유일한 재산을 증여하는 등의 방법으로 영희와 같은 채권자들이 강제집행할 재산을 없게 만들어 채권자들에게 피해를 주는 행위를 '사해행위'라고 합니다. 이때 그 사해행위를 통해 이익을 본 아들을 '수익자'라고 합니다. 증여계약의 유무효는 원칙적으로 증여계약의 당사자가 아닌 영희가 관여할 문제가 아닙니다. 다만 사례처럼 철수가 채무 초과 상태에서 자신의 유일한 재산인 부동산을 아들에게 증여하는 사해행위는 채권자들에게 피해를 주기 때문에 증여계약의 당사자가 아닌 채권자들이 채권자취소권을 행사하여 취소시킬 수 있습니다.

영희(채권자)가 철수 아들(수익자)을 상대로 한 채권자취소의 소에서 승소확정판결을 받으면 어떻게 될까요? 영희는 철수 아들 명의로 등기된 아파트의 소유권이전등기를 말소하여 아파트의 등기 명의를 철수(채무자)로 회복시킨 후 아파트를 경매에 부칠 수 있습니다.

사해행위 취소와 증여세

철수와 철수 아들의 증여계약이 사해행위를 이유로 취소되고 그 결과 철수 아들이 아파트를 잃게 된다면, 철수 아들은 국가에 납부한 증여세 약 1억원을 돌려받을 수 있을까요?

증여받은 재산을 모두 잃게 되었음에도 그대로 증여세를 납부하게 하는 것은 납세자에게 지나치게 가혹하다거나 채권자취소 판결의 확정은 사해행위에 내재된 경제적 이익의 상실가능성이 현실화된 것에 해당한다는 이유 등으로 국가로부터 증여세를 돌려받아야 한다는 주장이 있습니다. 하지만 현재 과세실무 및 법원 판결은 증여행위가 사해행위로 취소되더라도, 이는 채권자와 수익자 사이에 해당 재산을 채권자의 강제집행을 위하여 채무자의 책임재산으로 환원시키는 것에 불과하기 때문에 증여세를 돌려받을 수 없다고 보고 있습니다.

대법원 2020. 11. 26. 선고 2014두46485 판결

채권자취소권의 행사로 사해행위가 취소되고 일탈재산이 원상회복되더라도, 채무자가 일탈재산에 대한 권리를 직접 취득하는 것이 아니고 사해행위 취소의 효력이 소급하여 채무자의 책임재산으로 회복되는 것도 아니다.

따라서 재산을 증여받은 수증자가 사망하여 증여받은 재산을 상속재산으로 한 상속개시가 이루어졌다면, 이후 사해행위취소 판결에 의하여 그 증여계약이 취소되고 상속재산이 증여자의 책임재산으로 원상회복되었다고 하더라도, 수증자의 상속인은 국세기본법 제45조의2 제2항이 정한 후발적 경정청구를 통하여 상속재산에 대한 상속세 납세의무를 면할 수 없다.

사해행위 취소와 재산세

그렇다면 아파트의 재산세는 누가 부담할까요? 사해행위 취소 판결에서 철수 아들의 패소 판결이 확정되었다면, 그때부터는 재산세 납부의무가 없다고 보아야 하지 않을까요? 하지만 대법원은 증여계약이 사해행위로 취소되어 아파트의 등기 명의가 철수에게 회복되더라도 그 아파트가 경매절차에서 매각되기 전까지는 아들이 아파트에 관한 재산세 납세의무를 부담한다고 보고 있습니다. 모두 사해행위 취소 판결의 상대적 효력을 근거로 합니다.

대법원 2000. 12. 8. 선고 98두11458 판결

민법 제406조의 채권자취소권의 행사로 인한 사해행위의 취소와 일탈재산의 원상회복은 채권자와 수익자 또는 전득자에 대한 관계에 있어서만 그 효력이 발생할 뿐이고 채무자가 직접 권리를 취득하는 것이 아니므로 **채권자가 수익자와 전득자를 상대로 사해행위 취소와 일탈재산의 원상회복을 구하는 판결을 받아 그 등기 명의를 원상회복시켰다고 하더라도 재산세 납세의무자인 사실상의 소유자는 수익자라고 할 것이다.**

철수 아들의 운명은

철수 아들은 철수와의 증여계약이 취소되고, 그에 따라 아파트의 소유권을 잃게 되더라도 당초 증여계약에 따라 납부한 증여세를 돌려받을 수 없습니다. 사례를 조금 바꿔 철수 아들이 영희에게 사해행위 취소에 따른 원상회복으로 가액배상한다면, 철수 아들은 영희에게 국가에 납부한 증여세 1억원을 공제한 나머지만 반환하겠다고 주장할 수 있을까요? 사해행위 취소의 상대적 효력 때문에 공제 주장을 할 수 없다는 것이 판례입니다.

대법원 2003. 12. 12. 선고 2003 다40286 판결

가액배상에 있어서는 일반 채권자들의 공동담보로 되어 있어 사해행위가 성립하는 범위 내의 가액의 배상을 명하여야 하는 것이므로 … 증여의 형식으로 이루어진 사해행위를 취소하고 원물반환에 갈음하여 그 목적물 가액의 배상을 명함에 있어서는 수익자에게 부과된 증여세액과 취득세액을 공제하여 가액배상액을 산정할 것도 아니다.

즉 특별한 사정이 없는 한 사해행위가 취소되더라도 사해 행위에 따라 발생한 증여세, 재산세에는 아무런 영향이 없어 수익자(철수 아들)의 기존 납세의무는 소멸하지 않습니다. 또한 수익자(철수 아들)는 채권자(영희)에게 가액배상을 할 때 자신이 기납부한 세금을 공제한 나머지만 반환하겠다는 주장도 할 수 없습니다. 민사적 법률관계만 놓고 보면, 채무자(철수)의 사해행위에 가담한 철수 아들(수익자)은 사해행위 취소소송에서 패소하더라도 철수로부터 증여받은 아파트만 반환하면 되므로 별다른 불이익이 없습니다. 하지만 세금까지 고려하면 철수 아들(수익자)이 받는 불이익은 적지 않습니다. 타인의 사해행위에 가담하지 말아야 할 이유입니다.

취소채권자가 대한민국이라면?

대법원이 채권자취소판결의 확정이 사해행위와 관련한 세금에 영향이 없다고 보는 주된 이유는 채권자취소판결의 효력이 '상대적'이라는 것입니다. 즉 그 판결은 소송의 당사자인 채권자와 수익자(또는 전득자) 사이에서만 효력을 갖기 때문에 그 소송의 당사자가 아닌 과세관청이나 대한민국에는 영향을 주지 않는다는 것이죠.

만약 대한민국이 직접 채권자취소의 소를 제기했다면 어떨까요? 양도소득세를 체납하고 있던 채무자가 유일한 부동산을 아들에게 증여했다고 가정해봅시다. 아들은 증여세를 납부해야 합니다. 그런데 이후 대한민국이 양도소득세 채권을 피보전채권으로 하여 아들을 상대로 증여계약의 취소를 구하는 소를 제기해 승소확정판결을 받았다면 어떨까요? 그 취소판결의 효력은 대한민국과 아들 사이에서는 발생합니다. 그런데 아들이 납부해야 할 증여세 채권의 채권자는 그 판결의 효력이 미치는 대한민국입니다. 그렇다면 취소판결에 의해 증여 자체가 취소되었으므로 아들이 부담하던 증여세 채무 또한 소멸한다고 보아야 할까요?

이 쟁점과 관련하여 대한민국이 사해행위(증여)와 무관한 조세채권을 피보전채권으로 하여 채권자취소의 소를 제기하여(국세징수법

제25조) 승소확정판결을 받아 위 조세채권의 만족을 얻은 사안에서 확정판결의 효력이 대한민국의 하부기관인 과세관청에 미친다는 이유 등으로 수익자에게 증여세를 부과할 수 없다는 하급심 판결이 대법원에서 심리불속행 기각으로 확정된 예가 있습니다(대법원 2014. 4. 30.자 2014두1406 판결 등).

정부는 과거 대한민국이 취소채권자여도 사해행위 관련 납세의무(수증자의 증여세)가 취소되지 않는다고 보았으나(기준-2017-법령해석재산-0022, 2017. 10. 16. 등), 최근 위 하급심 판결과 같이 대한민국이 취소채권자라면 사해행위 관련 납세의무(수증자의 증여세)가 취소되는 것이라고 해석하여(서면-2023-법규재산-1478, 2023. 10. 31.) 실무상 다소 혼란이 있습니다.

기준-2017-법령해석재산-0022, 2017. 10. 16. ─────────────

채무자가 수증자에게 증여한 재산이 채권자의 사해행위취소소송에 따라 채무자에게 원상회복되는 경우에는 채권자가 국가인지 여부 및 증여재산이 금전인지 여부와 관계없이 수증자에게 이미 성립한 증여세 납세의무는 취소되지 않는 것입니다.

서면-2023-법규재산-1478, 2023. 10. 31.

납세자(증여자)가 국세의 징수를 피하기 위하여 수증자에게 상장주식을 증여(사해행위)한 후 납세자(증여자)의 납세지 관할 세무서장이「국세징수법」제25조에 따라 해당 사해행위의 취소를 법원에 청구하여 해당 사해행위가 취소된 경우 수증자의 증여세 납세의무는 취소되는 것입니다.

이 쟁점에 대해 아직 대법원의 명시적 판시가 없어 결론을 단정하기 어렵지만, 적어도 취소채권자가 대한민국이라면 수익자는 사해행위 관련 세금을 면할 가능성이 있음에 주목할 필요가 있습니다.

5장
부동산 중개계약서에 기재된
'부가가치세 별도'란 어떤 의미일까?

들어가며: 간이과세제도란

소규모 사업자가 사업을 할 때 가장 부담을 느끼는 세금이 바로 부가가치세입니다. 부가가치세는 말 그대로 '부가된 가치', 즉 제품을 생산하거나 유통하며 새롭게 더해진 이윤에 부과되는 세금입니다.

예를 들어, 한 빵집 주인이 밀가루를 10만원에 구입해 빵을 만들어 30만원에 판매했다고 해봅시다. 이윤은 20만원이고, 여기에 세율 10%를 적용하면 2만원을 부가가치세로 납부해야 할 것처럼 보입니다.

하지만 실제 부가가치세 납부세액은 그렇게 계산되지 않습니다. 일명 '전단계 세액공제법'에 따라 계산됩니다. 이 방식은 납부세액을 물건을 팔 때 받은 부가가치세(매출세액)에서 재료를 살 때 낸 부가가치세(매입세액)를 빼서 계산합니다. 다시 빵집 사례를 봅시다. 밀가루를 살 때, 빵집 주인은 11만원(= 10만원 + 부가가치세 1만원)을 지급했을 겁니다. 빵을 팔 때는 고객으로부터 33만원(= 30만원 + 부가가치세 3만원)을 받았겠죠. 빵집 주인은 고객으로부터 받은 3만원(매출세액)에서 밀가루를 살 때 낸 1만원(매입세액)을 뺀 2만원만 납부하면 됩니다.

전단계 세액공제법의 핵심은 '세금계산서'입니다. 매입세액 공제를 받기 위해서는 세금계산서와 같은 적격 증빙서류가 필요합니다. 빵집 주인이 밀가루를 구매할 때 부가가치세 명목으로 1만원(매입세액)을 지급했어도 세금계산서를 받지 못했다면 매입세액 공제를 받지 못합니다. 즉 빵집 주인은 부가가치세로 3만원을 내야 합니다. 사업자는 매입세액 공제를 받기 위해 거래할 때마다 세금계산서를 받아야 하고, 그에 관한 장부를 작성해 국가에 제출해야 합니다. 이를 통해 국가는 사업자들의 거래를 추적해 탈세를 방지할 수 있습니다.

문제는 세금계산서를 받고 장부를 작성하는 과정이 영세한 소규모 사업자에게 복잡하고 부담스럽다는 점입니다. 이에 정부는 일정 매출 이하 사업자에 대해 간편한 방식으로 부가가치세를 신고하고 납부할 수 있는 '간이과세제도'를 도입했습니다. 간이과세자는 세금계산서 수취 여부와 상관없이 공급대가에 업종별 부가가치율(15

~ 40%)을 곱한 금액에 10%만 납부하면 됩니다. 빵집과 같은 음식점은 부가가치율이 15%입니다. 위 사례에 대입하면 어떨까요? 간이과세자인 빵집 주인이 고객으로부터 33만원을 받으면 4,950원(= 33만원 × 15% × 10%)만 부가가치세로 납부하면 됩니다. 중요한 것은 매입 단계에서 세금계산서를 받아 보관해두지 않아도 매입세액 공제를 충분히 받는 것과 같은 결과에 이르게 되죠.

여기서 한 가지 의문이 생깁니다. 간이과세자인 빵집 주인이 고객으로부터 빵값으로 33만원을 받을 수 있을까요? 즉 일반과세자처럼 공급가에 10%를 더한 금액을 청구할 수 있을까요? 다음 글에서 대법원 판례를 중심으로 자세히 살펴보겠습니다.

간이과세자와 '부가가치세 별도' 약정

상철은 공인중개사인 영숙의 중개로 아파트를 매수했다. 영숙으로부터 받은 부동산 중개계약서에는 "중개수수료 1,000만원(부가가치세 별도)"이라고 기재되어 있었다. 상철이 아파트의 소유권이전등기를 마치자 영숙은 상철에게 중개수수료 1,100만원을 청구했고, 상철은 1,100만원을 지급했다.

그런데 얼마 뒤 상철은 동네 주민으로부터 충격적인 이야기를 들었다. 영숙은 매출이 적어 부가가치세를 납부하지 않는 간이과세자라는 것이었다. 상철은 영숙을 찾아가 자신이 지급한 중개수수료 1,100만원 중 부가가치세에 해당하는 100만원을 돌려달라고 따졌다. 하지만 영숙은 자신이 간이과세자로 부가가치세를 내지 않는 것은 맞지만 계약서에 기재된 "부가가치세 별도" 문구는 중개수수료에 10%를 더하여 지급한다는 뜻이라며 100만원을 돌려줄 수 없다고 맞섰다.

부가가치세와 실질적 부담자

부가가치세는 재화나 용역이 생산·제공되거나 유통되는 모든 단계에서 창출된 부가가치에 부과되는 세금입니다. 부가가치세의 특징 중 하나는 조세전가의 과정을 통하여 최종소비자에게 부담이 전가된다는 것이죠. 철수가 대형마트에서 장난감을 1,100원에 샀다고 생각해봅시다. 철수가 대형마트에 지급한 1,100원 중 100원이 바로 부가가치세입니다. 대형마트는 철수로부터 1,100원을 받아 그 중 100원을 세무서에 부가가치세로 납부하게 됩니다. 부가가치세의 납세의무자는 사업자인 대형마트이지만, 그 실질적 부담자는 소비자인 철수인 셈이죠.

부가가치세와 거래징수

그렇다면 철수가 대형마트에 부가가치세 100원을 지급한 이유는 무엇일까요? 부가가치세법 제31조는 사업자가 재화 또는 용역을 공급하는 경우에는 공급가액에 10%의 세율을 적용하여 계산한 부가가치세를 거래 상대방으로부터 징수하여야 한다고 정하고 있습니다. 부가가치세법에 의하면 대형마트(사업자)는 장난감을 구입한 철수(거래 상대방)로부터 부가가치세를 징수하여야 합니다.

하지만 대법원은, 부가가치세법 제31조가 부가가치세를 궁극적으로 최종소비자에게 부담시키겠다는 취지를 선언한 것에 불과하기 때문에 대형마트(사업자)는 위 규정만을 근거로 철수(거래 상대방)로부터 부가가치세를 징수할 수는 없다고 보고 있습니다.

대법원 2016. 9. 28. 선고 2016다20671 판결
사업자가 재화 또는 용역을 공급하는 때에는 부가가치세 상당액을 그 공급을 받는 자로부터 징수하여야 한다고 규정하고 있는 **부가가치세법 제31조는 사**

업자로부터 징수하는 부가가치세 상당액을 공급을 받는 자에게 차례로 전가시킴으로써 궁극적으로 최종소비자에게 이를 부담시키겠다는 취지를 선언한 것에 불과하므로, 사업자가 위 규정을 근거로 공급을 받는 사람으로부터 부가가치세 상당액을 직접 징수할 사법상의 권리는 없다. 그렇지만 거래당사자 사이에 부가가치세를 부담하기로 하는 약정이 따로 있는 경우에는 사업자는 그 약정에 근거하여 공급을 받는 사람에게 부가가치세 상당액의 지급을 직접 청구할 수 있고, 부가가치세의 부담에 관한 위와 같은 약정은 반드시 재화 또는 용역의 공급 당시에 있어야 하는 것은 아니고 공급 후에 한 경우에도 유효하며, 또한 반드시 명시적이어야 하는 것은 아니고 묵시적인 형태로 이루어질 수도 있다.

대신 철수가 대형마트에 부가가치세를 지급한다는 약정이 있으면 대형마트는 그 약정에 근거하여 철수에게 부가가치세의 지급을 청구할 수 있습니다. 대형마트가 장난감의 판매가격을 1,100원으로 기재하여 진열해 두었고, 철수가 그 판매가격을 보고 장난감을 샀다면 어떨까요? 대형마트와 철수 사이에 철수가 부가가치세 100원이 포함된 가격에 장난감을 구매한다는 매매계약이 체결되었다고 보게 됩니다. 때문에 철수는 대형마트에 부가가치세 100원을 지급할 의무가 있습니다.

이처럼 대법원은 사업자의 부가가치세 징수의 근거를 당사자 사이의 약정으로 보고 있습니다. 설사 대형마트(사업자)가 철수(거래 상대방)로부터 약정에 따라 받은 부가가치세를 국가에 납부하지 않더라도 철수는 대형마트에 자신이 지급한 부가가치세 100원의 반환을 구할 수 없습니다(대법원 2015. 10. 29. 선고 2015다214691,214707 판결). 이는 대형마트의 납세의무 불이행일 뿐 철수와의 부가가치세 지급 약정에 영향을 미치는 사유는 아니기 때문이죠.

'부가가치세 별도' 약정의 의미

위 사례에서 부동산 중개계약서에 기재된 "부가가치세 별도"라는 문구가 바로 부가가치세 지급 약정(이하 '부가세 약정')에 해당합니다. 그렇다면 부가세 약정에 따라 거래 상대방이 사업자에게 지급해야 하는 부가가치세는 과연 얼마일까요? 주식회사와 같은 일반과세자의 경우에는 부가가치세율이 10%이므로 거래 상대방은 사업자에게 공급가액의 10%를 추가로 지급해야 합니다.

만약 마트의 가격표에 '부가가치세 별도'라는 문구 없이 단순히 물건 값이 1,000원이라고 적혀있으면 어떨까요? 이 경우에는 손님이 마트에 공급가액 909원과 부가가치세 90.9원(= 909원 × 10%), 합계 1,000원을 지급하기로 하는 계약이 성립한 것으로 보고 있습니다. 부가가치세법이 사업자가 받은 대가에 부가가치세가 포함되어 있는지 불분명하면 그 대가로 받은 금액의 110분의 100을 곱합 금액을 공급가액으로 한다는 규정을 두고 있기 때문이죠(제29조 제7항).

간이과세자와 부가가치세

사업자가 간이과세자인 경우에는 논의가 복잡해집니다. 직전 사업연도 매출액이 일정액 미만인 사업자는 간이과세제도를 적용받을 수 있습니다. 간이과세제도는 부가가치세 신고·납부 등이 어려운 소규모 개인사업자의 조세부담을 경감하고 납세편의를 제고하기 위한 제도입니다. 간이과세자의 납부세액은 부가가치세법에서 달리 정하는 경우를 제외하면 일반과세자와 다른 방식으로 계산됩니다. 공급가액의 10%를 부가가치세로 납부해야 하는 일반과세자와 달리 간이과세자는 공급대가(부가가치세 포함)에 업종별 부가가치율을 곱하고 다시 10%를 곱한 금액만 부가가치세로 납부하면 됩니다. 결과적으로 간이과세자는 1.5 ~ 4.0%의 낮은 세율을 적용받게 되죠.

간이과세자와 '부가가치세 별도' 약정

공인중개사인 영숙이 간이과세자인데, 영숙에게 적용되는 업종별 부가가치율이 40%라고 가정하여 봅시다. 영숙이 상철을 상대로 부가세 약정에 따라 받을 수 있는 부가가치세 상당액은 100만원(= 1,000만원 × 10%)일까요, 아니면 40만원(= 1,000만원 × 10% × 부가가치율 40%)일까요?

과거 법원 판단은 엇갈리고 있었습니다. 거래 상대방이 사업자에 대해 부담하는 부가가치세 지급의무는 계약에 따라 발생하는 것으로 사업자가 국가에 부담하는 납세의무와는 무관하고, 대부분의 사람들이 부가가치세율을 10%로 알고 있으므로 부가세 약정을 계약서에 기대된 금액에 10%를 더하여 지급한다는 뜻으로 해석하는 것이 당사자의 의사에 부합한다고 본 판결이 적지 않았죠. 이러한 판결에 따르면 영숙은 부가세 약정에 따라 상철로부터 100만원을 받을 수 있습니다. 즉 상철이 반환받을 돈은 없습니다.

하지만 최근 대법원은 부가세 약정에 따라 사업자가 청구할 수 있는 구체적인 부가가치세 상당액은 원칙적으로 해당 거래에 적용되는 부가가치세법령에 따라 계산한 금액을 의미한다고 판시하였습니다.

대법원 2024. 3. 12. 선고 2023다290485 판결

… 부가가치세 부담에 관한 약정이 '부가가치세 별도'의 형식으로 이루어진 경우에 사업자가 공급을 받는 자에게 청구할 수 있는 구체적인 부가가치세 상당액은, 거래당사자 사이에 명시적 또는 묵시적 형태의 약정이나 거래관행이 존재하는 때에는 그에 따른 금액을 의미하고, **그러한 약정이나 거래관행이 존재하지 않는 때에는 해당 거래에 적용되는 부가가치세법령에 따라 계산한 금액을 의미한다.**

… 간이과세자인 사업자가 공급받는 자에게 재화 또는 용역을 공급하면서 부가가치세를 따로 지급받기로 약정한 경우 부가가치세 상당액의 계산방법에 대해서 명시적 또는 묵시적 형태의 약정이나 거래관행이 존재하지 아니하는

이상 간이과세자인 사업자는 공급을 받는 자에게 간이과세자의 납부세액 상당액의 지급을 청구할 수 있다고 봄이 타당하다.

대법원 판결에 의하면, 영숙은 부가세 약정을 근거로 상철로부터 100만원을 받을 수 없습니다. 간이과세자인 영숙에게 적용되는 세율이 실질적으로 약 4%이기 때문이죠. 영숙은 상철에게 부가가치세법령에 따라 계산한 금액을 초과하여 받은 부가가치세 상당액을 반환해야 합니다.

부가가치세가 면제되는 간이과세자라면?

한편 해당 사업연도 매출액이 4,800만원 미만인 간이과세자는 부가가치세가 면제됩니다. 사례와 같이 영숙이 부가가치세가 면제되는 간이과세자라면 영숙은 부가가치세를 납부하지 않습니다. 그렇다면 영숙은 상철에게 부가가치세 명목으로 받은 100만원을 모두 반환해야 할까요? 부가세 약정을 원칙적으로 공급받는 자(상철)가 공급하는 자(영숙)에게 공급하는 자가 실제 부담하는 부가가치세만을 지급한다는 약정으로 해석한 위 대법원 판위결 취지를 고려하면, 영숙은 상철에게 100만원을 모두 반환해야할 것으로 보이기도 합니다.

하지만 위 대법원 판결은 부가가치세가 면제되는 간이사업자에 관한 판례가 아니기 때문에 결론을 단정하기 어렵습니다. 부가가치세 면제 여부는 직전 사업연도 매출액이 아니라 해당 사업연도 매출액에 따라 결정된다는 점을 고려하면, 영숙이 상철로부터 받았던 부가가치세 전액을 반환해야 한다고 보는 것은 다소 어색한 점이 있습니다. 이 쟁점에 대해서는 아직 대법원의 명시적 판단이 없으므로 향후 판결의 추이를 주목할 필요가 있습니다.

간이과세자에게 지급해야 할 부가세는 얼마?

앞서 본 대법원 2024. 3. 12. 선고 2023다290485 판결은 간이과세자인 사업자가 부가세 약정을 한 때 상대방에게 청구할 수 있는 부가가치세 상당액은 원칙적으로 '간이과세자의 납부세액 상당액'이라고 판시했습니다.

그러나 위 판결만으로 간이과세자가 부가세 약정으로 상대방에게 청구할 수 있는 부가가치세 상당액이 구체적으로 얼마인지는 불분명한 면이 있습니다. 앞에서 본 사례를 다시 봅시다. 공인중개사인 영숙과 고객인 상철은 중개수수료로 "1,000만원(부가가치세 별도)"을 지급하기로 합의했습니다. 영숙이 일반 간이과세자인 공인중개사라면 부가가치율은 40%입니다. 단순하게 생각하면, 상철이 부가세 약정에 따라 영숙에게 지급해야 할 부가가치세 상당액은 100만원(= 1,000만원 × 10%)이 아니라 40만원(= 1,000만원 × 10% × 부가가치율 40%)이라고 생각하기 쉽습니다.

문제는 간이과세자의 과세표준은 '공급가액'이 아닌 '공급대가'라는 것입니다. 이는 일반과세자의 과세표준에 관한 부가가치세법 제29조와 간이과세자의 과세표준에 관한 부가가치세법 제63조를 비교하면 쉽게 알 수 있습니다.

공급대가는 '재화 또는 용역에 대한 부가가치세가 포함된 대가'를 뜻합니다. 그럼 한번 계산해볼까요? 상철이 영숙에게 중개수수료로 1,040만원(= 1,000만원 + 부가가치세 상당액 40만원)을 지급하면, 간이과세자인 영숙의 납부세액은 41만 6,000원(= 1,040만원 × 10% × 40%)이 됩니다. 상철이 영숙에게 부가가치세 명목으로 지급한 40만원보다 납부세액이 더 많습니다.

상철이 영숙에게 지급하는 부가가치세 상당액과 영숙의 납부세액을 일치시키려면 $V = (1{,}000\text{만원} + V) \times 10\% \times 40\%$라는 방정식을 풀어야 합니다. 방정식을 풀면 $V = 41\text{만 }6{,}667\text{원}$입니다. 상철이 영숙에게 총 1,041만 6,667원(= 1,000만원 + 부가가치세 상당액 41만 6,667원)을 지급해야 영숙의 납부세액 41만 6,667원과 일치하게 됩니다.

대법원 판결의 문구만 놓고 보면 위 사례에서 상철이 부가세 약정에 따라 더 지급해야 할 돈은 41만 6,667원입니다. 하지만 이러한 계산법은 거래실정이나 당사자의 의사에 부합한다고 보기 어렵습니다. 특히 영세사업자의 세 부담을 완화하고 세금 신고 및 납부 절차

를 간소화하기 위해 도입된 간이과세제도의 취지까지 고려하면, 위
와 같은 계산법은 그대로 받아들이기 어려운 측면이 있습니다.

　상철이 간이과세자인 영숙에게 부가세 약정에 따라 지급해야 할
구체적 액수는 얼마일까요? 이는 위 대법원 판결에 따르는 하급심
판결이 축적되어야 비로소 분명해질 것으로 보입니다.

4편

사업과 세금

"가사도우미 비용도 경비 처리할 수 없나요?"
"VIP 고객을 위한 골프행사비는 광고비일까요, 접대비일까요?"
"종업원이 횡령한 돈에도 세금을 내야 합니까?"

사업을 하다 보면 돈을 버는 일보다 더 헷갈리는 게 있습니다. 바로 세금 문제입니다. 같은 매출이라도 어디까지 비용으로 인정되는지, 누구에게 세금이 부과되는지에 따라 세금의 크기는 천차만별이 됩니다. 때로는 억울하게 세금을 떠안는 상황이 벌어지기도 하고, 꼼꼼히 따져보면 불필요하게 세금을 더 내고 있는 경우도 적지 않습니다. 이 장에서는 바로 그 "사업과 세금 사이의 경계"를 다룹니다. 가사도우미 비용이나 게임 아이템 구입비처럼 경계선에 걸쳐 있는 지출이 비용으로 인정될 수 있는지, 특정인을 대상으로 한 골프행사가 광고인지 접대인지, 종업원이 횡령한 돈을 왜 사업주가 소득으로 신고해야 하는지, 명의만 빌려주었는데 왜 세금은 내 몫이 되는지, 그리고 세금계산서를 발급하지 않은 거래에서 손해배상까지 청구할 수 있는지.... 현실에서 자주 벌어지는 생생한 문제들을 판례와 세법을 통해 풀어갑니다.

1장
가사도우미 비용을 비용처리할 수 있을까?

들어가며: 사업소득이란

'사업소득'이라는 말, 어렵게 느껴지시죠? 간단히 말하면 자기 책임 아래 반복적으로 돈을 버는 활동에서 생긴 소득입니다. 식당을 열어 손님에게 음식을 팔아 수입을 얻었다면, 그 소득은 사업소득입니다. 장사가 잘되면 큰 수익을 얻지만, 손님이 없으면 손해를 본다는 점에서 '자기 책임'이라는 말이 붙는 것이죠. 반면, 그 식당에서 일하는 종업원은 장사의 성패와 관계없이 정해진 월급을 받습니다. 그 식당의 종업원이 얻는 소득은 사업소득이 아니라 근로소득입니다.

그런데 자기 책임 아래 돈을 번다고 해서 다 사업소득은 아닙니다. 일반 직장인이 거주하던 아파트를 팔아 얻은 이익은 양도소득입니다. 반면 여러 부동산을 계속 사고 팔아 이익을 반복적으로 얻는다면, 이는 부동산 매매업, 즉 사업소득으로 분류될 수 있습니다. 양자의 차이는 바로 반복성과 계속성에 있습니다. 자기 책임 아래 돈을 버는 것만으로 사업소득이 되는 것은 아니고 그 소득이 반복적 계속적 활동에서 나와야 합니다.

그렇다면 소득이 사업소득인지 아니면 양도소득인지, 아니면 다른 소득에 해당하는지 구분하는 게 왜 중요할까요? 소득의 계산방법과 세율이 달라집니다. 같은 금액을 벌어도 '사업소득'인지 '양도소득'인지 등에 따라 내야 할 세금이 크게 달라질 수 있습니다.

여기서는 사업소득의 계산방법에 대해 알아봅시다. 사업소득은 총수입금액에서 필요경비를 공제해서 계산합니다. 여기서 총수입금액이란 1년 동안 벌어들인 매출을 의미합니다. 다만 사업과 무관한 수입은 제외됩니다. 예를 들어, 식당 주인이 장사로 번 돈으로 식당 운영을 위한 상가를 하나 사두었다가 나중에 그 상가를 시세차익을 보고 팔았다면, 그 소득은 사업소득일까요? 양도소득입니다. 식당 주인이 부동산을 사고 파는 일을 계속적·반복적으로 하지 않았기 때문입니다. 반면 그 식당 주인이 여러 부동산을 사고 팔아 시세차익을 얻는 활동을 반복했다면, 사업소득에 해당할 수 있습니다.

사업소득을 계산에서 가장 자주 분쟁이 생기는 건 바로 '필요경비'입니다. 필요경비란 말 그대로 소득을 얻기 위해 실제로 쓴 비용을 의미합니다. 문제는 개인적 소비인지, 아니면 사업을 위한 지출인지 구분이 모호한 경우가 많다는 것이죠. 그렇다면 납세자와 과세관청이 필요경비와 사적지출의 구분을 두고 다툰 사건에는 어떤 것이 있을까요? 다음 글에서 구체적으로 살펴봅시다.

가사비용과 필요경비

온라인 게임 '리니지'의 마니아인 철수는 몇 해 전부터 온라인 게임 '리니지'를 배경으로 한 웹툰 <게임지상주의>를 집에서 컴퓨터를 이용해 연재하고 있다. <게임지상주의>는 큰 인기를 끌었고 철수는 1년에 5억원이 넘는 수입을 얻었다. 웹툰의 대성공으로 큰돈을 벌자 철수는 마음껏 리니지 아이템을 구입했고, 작년에는 아이템 구매비용으로만 2억원을 지출했다. 그리고 웹툰 작업에 전념하기 위해 가사도우미를 고용해 청소, 요리, 빨래 등을 모두 맡겼다. 철수는 리니지 게임 경험을 바탕으로 웹툰 스토리를 창작할 수 있었고, 가사도우미 덕에 웹툰 작업에 전념할 수 있었으니 그에 소요된 리니지 게임 비용 2억원과 가사도우미 비용 5,000만원이 모두 웹툰을 위한 경비라고 생각했다. 그래서 세무서에 작년 사업소득을 2억 5,000만원(=5억원 − 2억 5,000만원)이라고 보고 종합소득세로 약 7,000만원을 신고하였다. 하지만 세무서장은 게임 비용과 가사도우미 비용을 필요경비로 볼 수 없다며 철수에게 종합소득세 약 1억원을 추가로 부과했다.

필요경비, 절세와 탈세 사이

합법적인 방법으로 세금을 덜 내는 것을 절세라고 합니다. 반면 불법적으로 세금을 줄이는 것을 탈세라고 하죠. 그런데 절세와 탈세

사이에는 늘 애매한 회색지대가 있습니다. 대표적인 예가 바로 '필요경비'입니다. 실제로 유명 연예인들의 고소득 탈세 사건은 대부분 필요경비 처리 문제에서 비롯됩니다.

개인사업자가 납부하는 사업 관련 종합소득세는 사업소득금액이 얼마인지가 결정적입니다. 소득세 계산의 기초가 되는 '사업소득금액'이란 '총수입금액'에서 '필요경비'를 뺀 금액을 의미하죠. 이 중 총수입금액은 상대적으로 숨기기 어렵습니다. 개인사업자가 사업으로 번 돈은 거의 예외 없이 '총수입금액'에 해당하기 때문이죠.

반면 개인사업자가 사업과 관련하여 쓴 돈이 모두 필요경비로 인정되는 건 아닙니다. 예컨대 개인사업자가 거래처에 선물을 했다고 할 때, 그 선물비용이 '판매장려금'에 해당하면 전액이 필요경비로 인정되지만, '기업업무추진비'(구 소득세법의 '접대비')에 해당하면 그중 일부만 필요경비로 인정될 수 있습니다.

이처럼 필요경비로 인정되는 지출의 범위에 따라 사업소득금액이 달라지고, 이는 결과적으로 납부해야 할 세액에도 큰 영향을 미치게 됩니다. 따라서 개인사업자가 지출한 비용 중 얼마가 필요경비로 인정받을 수 있는지는 세금 부담과 직결되는 중요한 쟁점입니다.

필요경비란 무엇일까?

　필요경비에 대해 구체적으로 살펴봅시다. 소득세법상 필요경비란 수입을 얻기 위해 소비한 비용을 의미합니다. 하지만 개인사업자가 수입을 얻기 위해 지출한 모든 비용이 곧바로 필요경비로 인정되는 건 아닙니다. 여기서 고개를 갸웃거리는 분이 계실 겁니다. 수입을 얻기 위해 지출한 비용이면 당연히 필요경비로 인정되어야 하지 않을까요?

　신문에 여행 관련 칼럼을 연재하는 작가가 있다고 가정해 봅시다. 그 작가가 해외여행을 다녀온 후 칼럼을 쓰고 연재료를 받았습니다. 그렇다면 그 작가가 여행에서 지출한 호텔비, 항공료, 식비 등이 모두 필요경비에 해당할까요? 모두 필요경비라고 보기에는 조금 과하다는 생각이 들지 않습니까? 만약 호텔에 혼자 간 것이 아니라 가족과 함께 갔다면 어떨까요?

　필요경비인지는 어떻게 판단해야 할까요?

소득세법
제27조(사업소득의 필요경비의 계산)
① 사업소득금액을 계산할 때 필요경비에 산입할 금액은 해당 과세기간의 총 수입금액에 대응하는 비용으로서 일반적으로 용인되는 통상적인 것의 합계액으로 한다.

소득세법은 필요경비로 인정되기 위해서는 "일반적으로 용인되는 통상적인 비용"이어야 한다고 정하고 있습니다. 대법원은 이를 "납세 의무자와 같은 종류의 사업을 영위하는 다른 사업자도 동일한 상황 아래에서 지출하였을 것으로 인정되는 비용"을 의미한다면서도 "그러한 비용에 해당하는지 여부는 지출의 경위와 목적, 형태, 액수, 효과 등을 종합적으로 고려하여 객관적으로 판단하여야 한다"라고 보고 있습니다. 사실 대법원이 제시한 기준에 의하더라도 개개의 경우 어떤 경비가 필요경비인지 판단하기는 쉽지 않습니다. 구체적 사건에 따라 개별적으로 판단해야 하는 수밖에 없죠.

철수의 게임비와 가사도우미 비용은?

철수 사례를 봅시다. 먼저 철수가 지출한 게임 비용을 필요 경비로 볼 수 있을까요? 위 사례와 유사한 사건[서문고등법원(춘천) 2022.10.19 선고 2020누1167 판결]이 있었습니다. 그 사건에서 철수는 직접 게임을 체험하고 아이템을 구매하는 과정이 없었다면 온라인 게임을 배경으로 한 웹툰을 창작할 수 없었다고 주장하며 아이템 구매비용을 포함한 게임 비용이 웹툰 수익을 얻기 위한 경비에 해당한다고 주장하였습니다. 하지만 법원은 리니지 게임과 웹툰의 내용이 다르고, 리니지 게임 플레이 없이도 웹툰 창작이 가능했을 것이라는 이유 등을 들어 철수가 지출한 게임 비용을 철수와 같은 웹툰을 만드는 다른 사업자도 동일한 상황에서 지출하였을 것으로 보기 어렵다고 보았습니다. 즉 철수가 지출한 게임 비용을 필요경비로 보지 않은 것이죠.

그렇다면 가사도우비 비용은 어떨까요? 철수가 가사도우미 덕분에 웹툰 작업에 더 집중할 수 있었던 것은 분명합니다. 철수와 같이 집에서 작업하는 웹툰 작가들 중에는 가사도우미를 고용한 경우가 적지 않죠. 그렇다면 철수가 지출한 가사도우미 비용은 '일반적으로 용인되는 통상적인 비용'에 해당하지 않을까요? 하지만 소득세법은 가사 관련 비용은 필요경비로 보지 않는다는 특별규정을 두고 있습니다.

소득세법
제33조(필요경비 불산입)
① 거주자가 해당 과세기간에 지급하였거나 지급할 금액 중 다음 각 호에 해당하는 것은 사업소득금액을 계산할 때 필요경비에 산입하지 아니한다.
5. 대통령령으로 정하는 가사의 경비와 이와 관련되는 경비
소득세법 시행령
제61조(가사관련비등)
① 법 제33조 제1항 제5호에서 "대통령령으로 정하는 가사의 경비와 이와 관련되는 경비"란 다음 각 호의 어느 하나에 해당하는 것을 말한다.
1. 사업자가 가사와 관련하여 지출하였음이 확인되는 경비. …

위 규정은 왜 있을까요? 개인사업자의 경우 사업과 가사가 완전히 분리되지 않은 경우가 많아 사업과 가사에 공통적으로 관련되는 비용을 그대로 필요경비로 인정하면 개인사업자가 부당한 이득을

볼 수 있기 때문입니다. 나아가 소득세법 기본통칙은 사업과 가사에 공통으로 관련되어 지급하는 금액 중 사업에 관련된 것이 명백하지 아니하거나 주로 가사에 관련되는 것으로 인정되는 때에는 필요경비로 산입하지 않는다고 정하고 있습니다.

이 쟁점에 대해서도 법원은 철수의 집에서 작업 공간이 차지하는 부분은 일부에 불과한데 가사도우미의 업무는 철수의 작업 공간 외에 철수의 집 전부를 대상으로 한다는 점 등을 이유로 철수가 지출한 가사도우미 비용은 가사 관련 비용으로 필요경비가 아니라고 판단했습니다.

여행작가의 여행비용은 필요경비로 인정될까?

그렇다면 앞서 본 여행작가의 여행비용은 필요경비로 볼 수 있을까요? 일률적으로 말할 수 없습니다. 작가가 지출한 여행경비가 주로 신문 기고와 관련된 것인지, 아니면 개인의 오락을 위한 것인지 등 여러 사정을 종합하여 판단할 수밖에 없는 것이죠. 다만 법원은 사업과 가사(또는 개인 오락)에 공통적으로 관련되는 비용의 경우, 개인사업자가 그 비용이 주로 사업과 관련된 것이라는 점을 납세의무자가 증명해야 한다고 보는 경향이 있습니다. 즉 작가가 자신이 지출한 여행비용이 주로 신문 기고와 관련된 것이라는 점을 증명하지 못하면 필요경비로 인정받을 수 없습니다.

　이처럼 개인사업자의 지출이 필요경비에 해당하는지에 대해 개인과 과세당국의 생각이 다를 때가 많습니다. 필요경비인지 여부가 불분명한 경우 개인사업자가 필요경비에 해당한다는 점을 증명해야 하는 경우도 있죠. 결국 사업과 관련한 지출 전 세무 상담을 받고 증빙자료를 꼼꼼히 챙기는 것이 최선의 대비책입니다.

초과인출금의 지급이자 필요경비 불산입에 관한 판례

앞에서 본 것처럼 소득세법은 가사와 관련된 비용은 사업소득을 계산할 때 필요경비로 인정하지 않는다는 규정을 두고 있습니다. 이를 구체화한 규정이 소득세법 시행령 제61조입니다. 그중 제1항 제2호(이하 '쟁점 규정')는 다음과 같습니다.

소득세법 시행령
제61조(가사관련비등)
① …에서 "대통령령으로 정하는 가사의 경비와 이에 관련되는 경비"란 다음 각 호의 어느 하나에 해당하는 것을 말한다.
2. 사업용 자산의 합계액이 부채의 합계액에 미달하는 경우에 그 미달하는 금액에 상당하는 부채의 지급이자로서 기획재정부령이 정하는 바에 따라 계산한 금액

개인사업자의 경우 사업 관련 지출과 가계 관련 지출을 명확히 구분하기 어렵습니다. 이를 악용해 개인사업자가 주거용 아파트 구입 자금을 빌린 후 그 차용금의 이자를 사업 관련 지출로 속여 이자를 필요경비로 처리하는 사례가 생길 수 있습니다. 이를 방지하기 위해 도입된 조항이 바로 쟁점 규정입니다. 즉, 개인사업자의 총

부채가 사업용 자산보다 많으면, 그 초과하는 부분(=초과인출금)에 상당하는 부채의 이자는 필요경비로 인정하지 않겠다는 것입니다.

문제는 쟁점 규정이 초과인출금의 발생원인을 따지지 않고 초과인출금에 상당하는 부채의 이자는 모두 필요경비로 인정하지 않는다고 정하고 있다는 것입니다. 그래서 종래 과세당국은 초과인출금에 상당한 부채에서 발생한 이자는 모두 필요경비에서 제외해왔습니다.

하지만 쟁점 규정의 기계적인 적용은 불합리한 결과를 가져올 수 있습니다. 과세당국은 오래 전부터 초과인출금을 계산할 때 '자산' 금액은 감가상각을 반영한 '장부가액'으로 보고 있고, 최근 하급심 법원 또한 과세당국의 해석이 타당하다고 보았습니다.

소득세과-824, 2010. 7. 20.

… 초과인출금에 대한 지급이자의 필요경비 불산입금액을 계산함에 있어「소득세법 시행령」제61조 제1항 제2호의 사업용자산 중 감가상각대상자산은 당해 자산의 장부가액(취득가액과 자본적 지출의 합계액에서 감가상각누계액을 차감한 금액)으로 하는 것입니다. …

서울행정법원 2025. 5. 19. 선고 2021구합70745 판결

…소득세법 제70조 제4항 제3호는 개인사업자가 사업소득금액을 장부기장하는 경우 기업회계기준을 준용하여 작성한 재무상태표 손익계산서와 그 부속서류 등을 첨부하여 종합소득세를 신고하도록 규정하고 있다. 여기서 재무상태표상의 자산이란 회계연도 중 발생한 변동사항을 반영한 후 일정 시점 현재의 자산상태를 의미하는 것이므로, **이 사건 조항의 초과인출금 산정 기준**

이 되는 '사업용 자산의 합계액'에서의 자산도 매 회계연도의 장부가액을 의미한다고 해석하는 것이 하고, 감가상각대상 자산이라 하여 달리 볼 만한 근거는 없다. … 따라서 … '사업용 자산의 합계액'을 취득가액으로 계산해야 한다는 원고의 이 부분 주장도 받아들이기 어렵다.

하지만 쟁점 규정의 '자산'을 '장부가액'으로 보면서 초과인출금이 어떻게 발생했는지를 따지지 않고 초과인출금에 상당한 부채의 이자를 전부 필요경비에서 제외하면 불합리한 결과가 발생할 수 있습니다. 개인사업자가 10억원을 빌려 10억원짜리 사업용 자산을 취득했다고 가정해봅시다. 시간이 지나 사업용 자산의 장부가액이 감가상각으로 7억원으로 줄었습니다. 이 경우 10억원의 차입금은 전부 사업에 사용되었지만, 쟁점 규정에 의하면 3억원(= 부채 10억원 − 사업용 자산의 가액 7억원)에 해당하는 부채의 이자는 필요경비로 인정되지 않게 됩니다.

이에 대해 쟁점 규정 자체가 소득세법에 반해 무효라는 주장이 제기되었습니다. 서울고등법원은 쟁점 규정이 무효라고 보았지만, 대법원은 쟁점 규정이 무효는 아니라고 판단했습니다. 대신 쟁점 규정은 초과인출금 상당의 부채의 이자가 전부를 필요경비로 인정하지 않겠다는 규정이 아니라 가사 관련 비용으로 추정되는 것에 불과하다고 보았습니다.

이 사건 조항은 필요경비 해당 여부에 관한 증명의 난이, 당사자의 형평 등을 고려하여 '초과인출금에 상당하는 부채의 지급이자'를 가사와 관련하여 지출한 것으로 추정하여 필요경비에 산입하지 않는다는 의미로 이해될 수 있고, 그와 같이 보는 이상이 사건 모법 조항의 위임범위에 포함된다고 볼 수 있다. … 이 사건 조항에서 초과인출금의 발생원인을 따지지 않고 '초과인출금에 상당하는 부채의 지급이자'를 모두 가사관련경비로 정하여 필요경비에 산입하지 않도록 한 것은, 사업용 자산의 합계액이 부채의 합계액에 미달하는 경우 그 초과인출금에 상당하는 부채는 적어도 사업용 자산의 취득에 대응하여 지출된 것이 아닐 개연성이 높다는 점을 고려한 것으로 보인다.

… 이와 같이 이 사건 조항을 추정규정으로 해석하는 이상, 초과인출금이 발생하였더라도 납세의무자가 초과인출금의 사업관련성을 증명함으로써 그 초과인출금에 상당하는 부채의 지급이자를 필요경비에 산입할 수 있다고 볼 수 있고, 이는 이 사건 모법 조항 및 이 사건 조항의 입법목적이나 취지에 부합한다.

위 대법원 판결에 의해, 사업관련성 여부를 불문하고 초과인출금에 상응하는 지급이자를 필요경비로 인정하지 않은 유권해석은 모두 변경되어야 합니다. 다만 위 판결에도 불구하고 초과인출금의 사업관련성을 어떻게 판단해야 할지 모호한 부분이 많습니다. 후속 판결과 새로운 유권해석에 관심을 가질 필요가 있습니다.

2장
VIP를 위한 골프행사비용은
기업업무추진비일까? 광고선전비일까?

들어가며: 법인세 계산의 구조

법인세는 법인의 소득에 부과되는 세금입니다. 법인세법은 법인의 소득을 순자산의 순증가액으로 보고 있습니다. 즉 소득이 특정한 원천에서 발생했는지와 관계없이 순자산이 늘었다면 그 증가분을 과세 대상으로 보는 것이 특징입니다. 이 점은 법이 정한 일정한 원천에서 발생한 소득에만 과세하는 개인 소득세와의 차이점이죠.

실무에서 법인의 소득은 어떻게 계산할까요? 회사는 기본적으로 복식부기에 따라 거래를 기록해야 합니다. 그 기록을 종합해 재무상태표와 손익계산서를 작성하죠. 이 손익계산서에 기재된 당기순이익이 법인세 계산의 출발점입니다.

다만 기업회계상 당기순이익과 법인세의 과세대상인 소득의 범위는 같지 않습니다. 아래 헌법재판소 결정에 이 점이 잘 나타나 있습니다.

이처럼 회계와 세법이 달리 보는 항목을 반영하는 절차가 바로 세무조정입니다. 이 세무조정을 거치면 '각 사업연도의 소득금액'이 산출됩니다. 그리고 이 소득금액에서 일정한 이월결손금 등을 공제하면 과세표준이 나오고, 이 과세표준에 법인세율을 곱하면 산출세액이 나오는 것이죠. 이 산출세액에서 세액공제액 등을 빼고, 가산세 등을 더하면 최종 납부세액이 됩니다.

법인세 계산은 기술적으로 복잡해 보이지만, 핵심은 두 가지입니다. 개인에 대한 소득세와 달리 순자산의 증가분은 원천에 관계없이 원칙적으로 과세대상이 된다는 것입니다. 그리고 실무상 기업회계의 당기순이익을 기초로 세무조정을 거쳐 세법상 소득을 확정하고 있다는 것입니다.

세무조정 과정에서 회계와 세법의 차이가 드러나고, 바로 이 부분이 실무상 분쟁이 많은 지점입니다. 다음에 살펴볼 기업업무추진비의 손금 한도가 바로 회계와 세법의 차이로 인해 발생하는 분쟁의 대표적 예입니다.

기업업무추진비와 광고선전비

MK모터스(가칭)는 슈퍼카를 수입하여 판매하는 회사이다. MK모터스는 슈퍼카 판매를 위해 신문광고, 잡지광고를 했지만 효과가 없었다. MK모터스는 슈퍼카를 구매할 수 있는 사람이 자산가나 고소득자 등으로 제한적이라는 점에 착안하여 과거 슈퍼카를 구매했거나 슈퍼카 매장에 방문했던 사람들 중 재산이 있는 500명을 선별하여 골프행사를 진행했다. MK모터스는 골프장에서 슈퍼카를 광고했고, 그 결과 행사 참가자 중 수십 명이 슈퍼카를 구매했다. 골프행사에 5억원 넘는 비용이 지출되었지만, 100억원에 가까운 매출을 올릴 수 있었다.

MK모터스는 골프행사비용 5억원이 광고선전비에 해당한다고보고 전액 손금에 산입하여 법인세를 신고 · 납부하였다. 그런데 얼마 후 과세관청은 골프행사비용이 기업업무추진비에 해당한다며 기업업무추진비 한도인 1억원만 손금으로 인정하고, 나머지 4억원에 대한 법인세 약 1억원을 추가로 부과했다.

법인세 계산 구조

앞서 본 것처럼 법인세는 기본적으로 법인의 해당 사업연도에 속하는 익금에서 그 사업연도에 속하는 손금을 뺀 금액, 즉 소득에 따라 부과됩니다. 익금이란 원칙적으로 순자산을 증가시키는 거래로 인하여 발생한 수익을, 손금이란 순자산을 감소시키는 거래로 인하여 발생한 손실과 비용을 의미하죠. 익금이 크면 클수록, 손금이 적으면 적을수록 많은 법인세가 부과됩니다.

기업업무추진비의 손금 한도

다만 법인세법은 법인의 순자산을 감소시키는 손실이나 비용에 해당하더라도 정책적 이유에서 손금으로 인정하지 않거나 그 한도를 제한하고 있습니다. 과거 접대비라 불렸던 기업업무추진비가 대표적인 예입니다. 기업업무추진비란 접대, 교제, 사례 등의 목적으로 지출한 비용으로서 회사 업무와 관련이 있는 자와 업무를 원활하게 진행하기 위하여 지출한 금액을 의미합니다. 법인세법은 기업업무추진비에 대하여 수입금액에 따른 일정 금액을 한도로만 손금산입을 인정하고 있습니다. 예컨대 수입금액이 100억원인 중소기업은 1년에 6,600만원까지만 기업업무추진비로 손금산입을 할 수 있습니다.

기업업무추진비와 광고선전비

반면 광고선전비는 손금산입에 한도가 없습니다. 위 중소기업이 사업을 위해 10억원을 지출하였다고 가정해봅시다. 그 비용이 광고선전비에 해당하면 10억원 전액이 손금으로 인정되지만, 기업업무추진비에 해당하면 6,600만원만 손금으로 인정됩니다. 세율이 20%라고 가정하면 법인세가 2억원 가까이 차이가 나죠. 때문에 실무상 납세자와 과세관청 사이에 납세자가 판매 촉진 등을 위해 지출한 비용이 기업업무추진비인지, 아니면 광고선전비인지를 두고 다투는 일이 빈번하게 일어나고 있습니다.

문제는 법인세법에서 기업업무추진비에 대해 "접대, 교제, 사례 또는 그 밖에 어떠한 명목이든 상관없이 이와 유사한 목적으로 지출한 비용으로서 내국법인이 직접 또는 간접적으로 업무와 관련이 있는 자와 업무를 원활하게 진행하기 위하여 지출한 금액"이라고 추상적으로만 정의하고 있다는 것이죠. 기업업무추진비가 법인이 업무와 관련하여 접대, 교제, 사례 등을 위해 지출한 비용이라는 것은 알 수 있지만, 광고선전비나 판매부대비용 등 손금산입에 제한이 없는 다른 지출항목과의 구별 기준이 명확하지 않습니다.

기업업무추진비에 관한 대법원 판례

대법원은 기업업무추진비와 광고선전비를 어떻게 구분할까요?

대법원 2010. 6. 24. 선고 2007두18000 판결

법인이 사업을 위하여 지출한 비용 가운데 **상대방이 사업에 관련 있는 자들**이고 지출의 목적이 접대 등의 행위에 의하여 사업관계자들과의 사이에 친목을 두텁게 하여 거래관계의 원활한 진행을 도모하는 데 있다면 접대비라고 할 것이지만, 이와 달리 **지출의 상대방이 불특정다수인이고 지출의 목적이 법인의 이미지를 개선하여 구매의욕을 자극하는 데 있다면 광고선전비**라고 할 것이다.

2022년 12월 31일 법인세법 일부개정으로 '접대비'의 명칭이 '기업업무추진비'로 달라졌지만, 그 내용은 동일하기 때문에 접대비에 관한 판례는 현행법의 '기업업무추진비'에 대해서도 적용될 수 있습니다.

위 판례에서 알 수 있듯이 대법원은 거래의 상대방이 특정인인지, 지출의 목적이 무엇인지 등을 기준으로 기업업무추진비와 광고선전비를 구분하고 있습니다. 이 중 지출의 목적은 추상적이고 모호하다는 점을 고려하여 법원 실무는 지출의 상대방이 특정인인지 아니면 불특정인인지를 기업업무추진비와 광고선전비 구별의 가장 중요한 판단 기준으로 보고 있습니다. 즉, 기업업무추진비는 '사업에 관계되는 특정인'이 지출의 상대방이지만, 광고선전비는 일반 소비자 등 '불특정 다수인'이 상대방이 되는 것이죠.

앞서 본 사례와 유사한 사건에서 법원은 MK모터스가 슈퍼카를 구입할 수 있는 경제력이 있는 자산가 등 특정인을 선정하여 골프행사를 진행했다는 이유에서 그 골프행사비용이 기업업무추진비에 해당한다며 MK모터스 패소 판결을 선고하였습니다[서울고등법원

2022. 7. 14. 선고 2021누67352 판결(대법원에서 심리불속행 기각으로 확정)].

　기업업무추진비의 손금 제한의 취지가 기업의 돈으로 놀고 즐기는 비용에 대해서는 일정 범위에서 세금을 부과하겠다는 것에 있다는 점을 고려하면, 지출의 상대방이 특정인인지 여부를 기준으로 판단하는 법원 실무는 이해할 수 있습니다. 다만 지출의 상대방이 특정인인지 여부를 기준으로 판단할 경우 빅데이터나 AI 등 정보화 기술에 기반한 맞춤형 마케팅 비용까지 광고선전비가 아니라 기업업무추진비로 인정될 수 있어 문제이죠. 정보화 시대에 걸맞은 기업업무추진비 개념을 고민할 필요가 있습니다.

기업업무추진비와 판매부대비용의 구별

기업업무추진비(구 접대비)와 판매부대비용의 구분 역시 실무상 중요합니다. 기업업무추진비는 세법상 손금에 한도가 있지만, 판매부대비용은 광고선전비와 마찬가지로 손금 한도가 없기 때문입니다.

먼저 판매부대비용에 관한 규정을 봅시다.

법인세법 시행령

제19조(손비의 범위)

법 제19조 제1항에 따른 손실 또는 비용(이하 "손비"라 한다)은 법 및 이 영에서 달리 정하는 것을 제외하고는 다음 각 호의 것을 포함한다.

1의2. 판매한 상품 또는 제품의 보관료, 운반비, 판매장려금 및 판매수당 등 판매와 관련된 부대비용(판매장려금 및 판매수당의 경우 사전약정 없이 지급되는 경우를 포함한다)

법인세법 시행령 규정만으로는 판매부대비용의 개념이 명확하지는 않습니다. 그렇다면 대법원은 기업업무추진비(구 접대비)와 판매부대비용을 어떻게 구분할까요?

대법원 2007. 10. 25. 선고 2005두8924 판결

접대비는 기업활동의 원활과 기업의 신장을 도모하기 위하여 필요한 경비로서 기업체의 영업규모와 비례관계에 있으므로 이를 엄격하게 해석하여야 하고, 법인이 사업을 위하여 지출한 비용 가운데 상대방이 사업에 관련 있는 자들이고 지출의 목적이 접대 등의 행위에 의하여 사업관계자들과의 사이에 친목을 두텁게 하여 거래관계의 원활한 진행을 도모하는 데 있는 것이라면, 그 비용은 구 법인세법 … 에서 말하는 접대비라고 할 것이나, **그 지출경위나 성질, 액수 등을 건전한 사회통념이나 상관행에 비추어 볼 때 상품 또는 제품의 판매에 직접 관련하여 정상적으로 소요되는 비용으로 인정되는 것이라면, 이는 법인세법 … 에서 손비로 인정하는 판매부대비용에 해당**한다.

사실 대법원이 설시한 판매부대비용의 개념은 법인세법이 정한 손금의 일반적 정의와 유사한 면이 있습니다. 대법원 판시만으로 판매부대비용이 무엇인지 명확히 알기는 어렵죠. 다만, 판매부대비용이라는 개념 자체가 기업업무추진비와 구별하여 그 지출액을 손금에 산입될 수 있는 비용을 통칭하기 위해 만들어졌다는 점을 고려하면, 대법원의 개념 정의는 이해할 수 있습니다.

법원 실무에서 판매부대비용인지 여부는 어떻게 판단할까요? 다음과 같은 요소를 고려하고 있습니다.

먼저 판매 장려의 목적이 있는지 보고 있습니다. 금전이나 사업용 자산의 교부가 구매장려의 의미 또는 거래처의 판매강화를 위한 경비보조의 의미를 가져야 합니다. 다음으로 상대방 사업자에 대한 교부가 있어야 합니다. 상대방 사업자가 아니라 그 임원 또는 종업원에게 금전 또는 물품을 교부하면 기업업무추진비로 평가될 가능성이 큽니다. 그 외에도 지출 상대방과 사전에 약정이 있었는지 등도 고려하고 있습니다.

앞서 본 사례에서 MK모터스가 지출한 골프행사비용은 판매부대비용으로 볼 수 있을까요? 유사한 사건에서 납세자는 골프행사비용이 광고선전비가 아니라면 판매부대비용이라고 주장하였지만 법원은 그 주장을 배척했습니다. 골프행사비용은 소비성 지출로 그 방식면에서 기업업무추진비로 볼 수 있는 징표를 가지고 있고, 그 지출규모가 참가자 1인당 100만원 이상인 점을 고려하면, 골프행사비용을 '건전한 사회통념이나 상관행'에 비추어 판매에 '직접 관련'하여 정상적으로 소요되는 비용이라고 보기 어렵다는 이유였습니다.

3장
종업원이 횡령한 돈에도 세금을 내라고?

들어가며: 대손금이란

소득세법은 소득이나 비용이 언제 발생했다고 볼 것인지에 대해 '권리의무확정주의'라는 원칙을 따릅니다. 즉 돈이 실제로 들어오거나 나간 때가 아니라 거래에서 권리와 의무가 확정된 시점을 기준으로 소득과 비용을 계산하는 것이죠. 예를 들어, 개인사업자가 2025년 10월에 물건을 팔기로 계약하고 같은 해 11월에 물건을 인도했다면, 비록 2026년 2월에 대금을 받았어도 소득세법상 소득은 2025년 11월에 발생한 것으로 봅니다. 단순히 매매계약을 체결한 것으로는 부족하지만, 물건을 실제로 인도해주었다면, 돈을 받을 권리가 확정되었다고 보는 것이죠.

다만 이러한 원칙은 납세자에게 불리한 상황을 낳을 수 있습니다. 위 사례에서 거래상대방이 2026년 1월에 파산해 대금을 한 푼도

못 받았다면 어떨까요? 사업자는 실제 현금을 받지 못했음에도 이미 2025년에 소득이 발생한 것으로 보아 세금을 납부해야 합니다.

이러한 불합리를 막는 장치가 바로 '대손금'입니다. 대손금이란 쉽게 말해 회수하지 못하게 된 채권을 뜻합니다. 예를 들어 외상매출금, 대여금처럼 장부에는 남아 있지만 실제로는 돌려받을 수 없게 된 금액입니다. 소득세법은 일정한 요건이 충족될 때 이러한 대손금을 필요경비로 인정해줍니다. 즉 한 번 소득으로 잡혔던 금액이라도 나중에 회수가 불가능하다고 확인되면, 회수 불가능이 확정된 시점, 즉 거래 상대방이 파산한 2026년에 비용으로 인정해 주는 것이죠.

그렇다면 대손금과 관련해 개인사업자들이 겪는 어려움에는 어떤 게 있을까요? 다음 글에서 구체적으로 살펴보겠습니다.

종업원의 횡령과 사업주의 세금

성수동에서 카페 '레드보틀 본점'을 운영하고 있는 김사장은 서초동에 '레드보틀 강남점'을 열고 오랜 기간 함께 일한 박엉뚱에게 강남점 운영을 맡겼다. '레드보틀 강남점'은 손님들로 인산인해를 이루었고, 김사장은 박엉뚱에게 수고했다며 특별보너스를 지급했다.

그런데 얼마 지나지 않아 김사장은 이상한 점을 발견했다. 손님에 비해 강남점 매출이 너무 낮았다. 알고 보니 박엉뚱이 손님들에게 현금을 내면 할인해준다며 현금 결제를 유도한 후 현금을 착복했던 것이었다. 그 액수는 무려 5,000만원이었다. 김사장은 박엉뚱을 횡령으로 고소했다. 구속될 위기에 놓인 박엉뚱은 하나뿐인 딸 병원비가 부족해 어쩔 수 없었다며 눈물로 사죄했고, 마음이 약해진 김사장은 어차피 손해배상을 받기 어렵겠다는 생각에 "법적 책임을 묻지 않는다"는 합의서를 작성해주었다. 몇 년 후 김사장은 세무서로부터 한 통의 세금고지서를 받았다. 김사장이 '레드보틀 강남점' 매출 5,000만원을 누락한 채 세금신고를 하였다며 누락한 5,000만원에 대한 종합소득세 2,000만원을 추가로 납부하라는 것이었다. 김사장은 전심절차를 거쳐 과세처분 취소를 구하는 소를 제기했다.

소득의 계산방법

소득세법은 개인의 소득을 과세대상으로 삼고 있습니다. 소득세법이 정한 소득, 그중에서도 사업소득, 근로소득, 이자소득 등이 있는 사람은 종합소득세를 납부해야 하죠. 그런데 그 '소득'이 구체적으로 얼마인지는 알기 어렵습니다. 예를 들어 사업소득금액은 '수입 등'(총수입금액)에서 '일반적으로 용인되는 통상적인 비용'(필요경비)을 빼서 계산하는데, 그중 필요경비는 그 개념만 봐서는 구체적으로 어떤 비용을 의미하는지 알기 어렵죠.

종업원의 행위와 사업주의 소득

총수입금액은 간단하게 말하면 '번 돈'을 의미하지만, 구체적으로 따져보면 역시 애매한 부분이 많습니다. 앞서 본 사례에서 박엉뚱이 받은 현금 5,000만원이 김사장의 수입에 해당할까요? 박엉뚱이 정상적으로 커피를 판매하고 5,000만원을 받았다면 5,000만원은 수입에 해당한다고 대부분 생각할 겁니다. 그런데 박엉뚱이 처음부터 판매대금을 착복할 의도에서 김사장의 허락 없이 고객에게 현금 할인을 유도하고 판매대금을 바로 자기 지갑에 넣은 경우에도 김사장이 '번 돈'이 있다고 볼 수 있을까요?

한번 손님의 입장에서 생각해 봅시다. 손님은 과연 누구로부터 커피를 사고 대금을 지급한 것일까요? 박엉뚱으로부터 커피를 사고

대금을 지급한 것으로 볼 수 있을까요? 그렇다면 김사장은 손님에게 왜 공짜로 커피를 마셨냐며 이제라도 돈을 내라고 따질 수 있을까요? 결론부터 말하자면 김사장은 손님에게 돈을 내라고 할 수 없습니다. 법적으로 보면 김사장이 손님에게 커피를 할인 판매하고 돈을 받았기 때문입니다. 즉 손님은 김사장을 대리해서 강남점에서 커피를 판매할 권한이 있는 박엉뚱과 거래를 한 것이죠. 박엉뚱이 손님으로부터 현금을 받은 것은 김사장을 대신해서 돈을 받은 것이고, 그 돈은 그 즉시 '김사장의 돈'이 됩니다.

박엉뚱이 그 돈을 받자마자 자신의 지갑에 넣더라도 '김사장의 돈'을 횡령한 것에 불과합니다. 만약에 김사장이 사전에 현금 할인을 금지하거나 현금 대신 카드로만 대금을 받게 했다면 다르게 볼 수 있을까요? 다르지 않습니다. 상법은 물건을 판매하는 점포의 직원은 그 판매에 관한 모든 권한이 있다고 규정하고 있습니다.

상법

제16조(물건판매점포의 사용인)

① 물건을 판매하는 점포의 사용인은 그 판매에 관한 모든 권한이 있는 것으로 본다.

김사장에게는 소득이 생겼을까?

법원은 유사한 사례에서 박엉뚱이 할인 판매한 커피대금 5,000만 원이 김사장의 수입에 해당하고, 그에 대한 종합소득세를 납부해야 한다고 판단했습니다.

대법원 2022. 1. 14. 선고 2017두41108 판결

원심은 원고들이 종업원들에게 입장권을 판매하고 그 대가를 수령할 수 있는 권한을 부여한 이상, 종업원들이 일부 위조된 입장권을 판매하였더라도 그 대금 수령의 효과는 원고들에게 귀속되었다는 등의 이유로, 종합소득세, 개별소비세 및 교육세 각 본세 부과처분은 적법하다고 판단하였다.

관련 규정과 법리에 따라 기록을 살펴보면, 이러한 원심의 판단은 정당하고, … 법리오해의 위법이 없다.

여기서 한 가지 의문이 들 수 있습니다. 김사장이 5,000만원을 벌었더라도 곧바로 종업원이 그 5,000만원을 횡령해 갔으므로, 전체적으로 보면 김사장에게 소득이 발생하지 않았다고 보아야 하는 것은 아닐까요? 회계적 관점에서 보면 종업원이 횡령을 했다고 해서 바로 김사장의 자산이 감소하지는 않습니다. 김사장은 박영뚱을 상대로 5,000만원의 손해배상을 청구할 수 있기 때문이죠. 즉 김사장의 현금 5,000만원이 박영뚱에 대한 손해배상채권 5,000만원으로 변경된 것에 지나지 않습니다. 위 대법원 판례는 그러한 전제에서 김사장에게 소득이 발생했다고 보았습니다.

그렇지만 김사장이 5,000만원에 대한 세금을 내야한다는 결론이 부당하다고 느끼는 독자들이 많을 것입니다. 현실에서는 김사장과 같은 피해자가 가해자로부터 손해배상을 제대로 받는 경우가 드물기 때문이죠. 물론 소득세법은 손해배상채권이 나중에 회수불능되면 대손금으로 인정해 소득금액을 계산할 때 필요경비로 산입해줍니다.

하지만 대손금으로 인정받기 위해서는 가해자에게 재산이 없어 만족을 얻지 못할 것 등 그 인정요건이 까다롭습니다. 특히 사안과 같이 가해자에게 재산이 있는지 제대로 확인하지 않고 자발적으로 손해배상채권을 포기한 경우에는 대손금으로 인정받기 어렵습니다.

종업원의 횡령금에 부담하는 세금은?

그럼 5,000만원을 가져간 박엉뚱은 5,000만원에 대해 세금을 낼까요? 다소 논란은 있지만, 현재 과세당국은 사용자가 횡령금을 회수하기 위한 제반조치를 취하였다면 근로소득으로 보지 않는다는 입장입니다. 그리고 횡령금이 기타소득 중 하나로 열거되어 있지 않기 때문에 기타소득도 아니라고 보고 있습니다. 결국 박엉뚱은 횡령금에 대해 소득세를 내지 않아도 된다는 결론에 이르게 됩니다.

그래서 억울함을 호소하는 사장님들이 적지 않습니다. 도둑은 세금을 내지 않는데, 도둑맞은 사람은 세금을 내야 한다는 김사장의 주장에 공감이 가는 것이 당연하죠. 다만 김사장이 종합소득세를 납부해야 한다는 결론에 논리적 문제는 없습니다. 도둑맞은 돈에 대해 세금을 내라는 것이 아니라 도둑맞기 전에 번 돈에 대해 세금을 내라는 것이기 때문이죠. 다만 피해자가 제대로 손해배상을 받기 어려운 현실에서 피해자는 먼저 세금을 납부한 후에 스스로 손해배상을 받지 못했다는 것을 증명해 세금을 공제받아야 하는 상황이 바람직한지, 바람직하지 않다면 어떻게 바꾸는 것이 좋을지 함께 고민할 필요가 있습니다.

대리인이 부동산 매매대금을 횡령했다면?

앞서 본 것처럼 종업원이 판매대금을 횡령했다면, 그 대금은 사업주에게 귀속됩니다. 따라서 판매 시점에 사업주의 소득으로 인정됩니다. 즉 종업원이 돈을 빼돌렸어도, 법적으로는 사업주가 매출을 올린 것으로 보며, 그 후 종업원에 대한 손해배상채권이 회수불능되어 발생한 손해는 별도의 문제(대손금)으로 처리하게 됩니다.

그렇다면 부동산 매매계약을 위임받은 대리인이 매매대금을 횡령했다면 어떨까요? 철수가 영희에게 취득가액 7억원인 아파트의 매도를 위임했다고 가정해봅시다. 영희는 철수의 대리인으로서 아파트를 15억원에 매도하고 대금을 받았지만, 철수에게는 아파트를 10억원에 팔았다고 속여 5억원을 횡령했습니다. 앞서 본 종업원 횡령 사안의 논리를 적용하면, 매매계약의 효과는 철수에게 귀속되므로 철수는 8억원의 양도차익(= 15억원 – 7억원)을 얻은 것으로 보되, 나중에 영희에 대한 5억원의 손해배상채권이 회수불능이 되면 그때 5억원을 비용처리하는 구조가 됩니다.

하지만 중요한 문제가 발생합니다. 사업소득에는 대손금 제도가 있어 나중에 회수불능이 되면 비용으로 처리할 수 있지만, 양도소득에는 대손금 제도가 없다는 것이죠. 그 때문에 대법원은 이와 유사한 사건에서 전혀 다른 접근을 했습니다. 영희가 횡령한 5억원 부분은 애초에 철수의 소득이 아니라고 본 것입니다. 즉 철수는 3억원의 양도차익(= 15억원 - 5억원 - 7억원)에 대한 양도소득세만 내면 된다는 것이죠.

대법원 2015. 9. 10. 선고 2010두1385 판결

… 만약 대리인이 위임의 취지에 반하여 자산을 저가에 양도한 것처럼 본인을 속여 양도대금의 일부를 횡령하고, 나아가 본인의 대리인에 대한 횡령금액 상당의 손해배상채권이 대리인의 자산상황, 지급능력 등에 비추어 회수불능이 되어 장래 그 소득이 실현될 가능성이 전혀 없게 된 것이 객관적으로 명백한 때에는 그 소득을 과세소득으로 하여 본인에게 양도소득세를 부과할 수 없다.

위 판결은 조세소송에서 납세자들이 자주 인용하는 중요한 판례입니다. 다만 위 판결은 양도소득에 관한 것으로 사업소득처럼 대손금 제도가 마련된 영역에는 적용되기 어렵다는 점에 유의할 필요가 있습니다. 또한 일부 학자들은 "회수불능을 후발적 경정청구 사유로 본다면 이런 예외적 법리는 필요 없지 않겠느냐"는 견해를 내놓기도 합니다. 그러나 아직 양도소득에서 회수불능이 후발적 경정청구 사유인지 여부에 대한 대법원 판례가 정립되지 않은 상황에서 위 판결은 대손제도의 존부에 따라 회수불능이 개인의 사업소득과 양도소득에서 달리 취급될 수 있음을 밝힌 것으로 실무상 중요한 의미를 갖습니다.

4장
명의만 빌려주었는데 세금이 부과되었다면?

들어가며: 명의신탁이란

명의신탁이란 명의신탁자가 명의수탁자와의 약정에 따라 내부적으로는 소유의 의사로 목적물을 관리·수익하면서 대외적인 소유 명의만 명의수탁자로 두는 것을 말합니다. A가 1가구 2주택의 규제를 피하기 위해 친구인 B명의로 매매를 등기원인으로 아파트의 소유권이전등기를 마쳤다고 생각해 봅시다. A, B 모두 A가 아파트의 소유자라고 생각하고 있고, 아파트의 실제 사용·관리를 모두 A가 하고 있다면, 비록 등기부등본에는 B가 소유자라고 기재되어 있더라도 A를 아파트의 실제 소유자로 볼 수 있습니다. 이런 경우를 명의신탁이라고 합니다.

과거 과세관청은 명의신탁에 양도소득세나 증여세를 부과한 적이 있었습니다. 위 사례에서 A에게는 등기부의 기재대로 양도가 있었다고 보아 양도소득세를 부과했고, B에게는 실제 매매대금을 지급하지 않고 등기명의를 취득하였다는 이유로 증여세를 부과했습니다. 하지만 과세관청은 대법원에서 모두 패소했습니다. 등기부 기재에도 불구하고 A가 실질적인 소유자인 이상 A가 B로부터 대가를 받고 아파트를 양도했다고 볼 수 없고, B가 무상으로 아파트를 취득하였다고 볼 수 없다는 이유였죠.

이에 정부는 명의신탁에 대해 규제를 강화했습니다. 부동산 명의신탁은 부동산실명법에 의해 무효입니다. 그렇다면 부동산 명의신탁에서는 어떤 세금이 문제될까요? 다음 글에서 함께 살펴봅시다.

부동산 명의신탁과 세금

철수는 친구로부터 아파트를 매수하라는 권유를 받았다. 다주택자인 철수는 아파트를 매수하고 싶었지만 세금이 걱정되었다. 철수는 무주택자인 동생과 "동생이 명의를 빌려주고 각종 세금을 대신 납부하면, 아파트를 매도할 때 동생에게 동생이 지출한 비용에 더하여 사례금을 준다"고 약속했다. 철수는 대출을 받아 매매대금을 지급하고 동생 명의로 소유권이전등기를 마친 후 아파트에 대출금 채무를 담보하는 근저당권을 설정했다.

하지만 철수는 사업 실패로 대출금 이자를 지급하지 못했다. 결국 근저당권이 실행되어 아파트가 매각되었고, 과세관청은 동생에게 양도소득세를 부과했다.

부동산 명의신탁과 세금

앞서 본 것처럼 명의신탁이란 명의신탁자가 명의수탁자와의 약정에 따라 내부적으로는 소유의 의사로 목적물을 관리·수익하면서 공부상의 소유 명의만 명의수탁자로 하여 두는 것을 말합니다. 「부동산 실권리자명의 등기에 관한 법률」('부동산실명법')은 부동산 명의신탁약정이 무효이고, 그에 따른 물권변동 역시 원칙적으로 무효라고 정하고 있습니다.

그 때문에 명의신탁 부동산은 법률상 소유자, 공부상 소유자 및 사실상 소유자가 다르게 됩니다. 위 사례에서 보면, 법률상 소유자 겸 사실상 소유자는 철수이지만, 공부상 소유자는 동생인 것이죠. 그렇다면 명의신탁 부동산의 취득, 보유 및 양도가 있을 때 부과되는 각종 세금은 누가 부담해야 할까요?

부동산의 취득, 보유 및 양도와 세금

먼저 부동산을 취득할 때 납부해야 하는 세금으로 취득세가 있습니다. 다음으로 부동산 보유와 관련하여 부과되는 세금에 재산세가 있습니다. 마지막으로 개인이 부동산을 양도할 때 납부해야 하는 세금으로 양도소득세가 있습니다. 참고로 사례처럼 근저당권을 위한 경매는 양도소득세 과세대상인 '양도'에 해당한다는 것이 판례입니다(대법원 2021. 4. 8. 선고 2020두53699 판결).

취득세, 재산세는 부동산의 사실상 소유자가, 양도소득세는 실질과세의 원칙상 양도소득을 사실상 지배, 관리, 처분할 수 있는 지위에 있는 자가 납부할 의무가 있습니다. 그렇다면 명의신탁 부동산의 사실상 소유자는 누구일까요?

2자간 등기명의신탁과 세금

명의신탁자로부터 명의수탁자로 소유권이전등기가 이루어지는 경우를 '2자간 등기명의신탁'이라고 합니다. 명의신탁약정 및 그에 따른 등기는 무효이므로 명의신탁자가 법률상·사실상 소유자입니다. 따라서 특별한 사정이 없는 한 명의신탁자자 재산세, 양도소득세를 부담해야 합니다. 다만 취득세에 대해서는 다소 어려운 문제가 있습니다. 부동산실명법에 따라 무효인 명의신탁에 따라 소유권이전등기를 마친 경우에도 취득세를 내야하는지에 대해 아직 대법원의 명시적 판단이 없어 현재로서는 결론을 단정하기 어렵습니다.

3자간 등기명의신탁과 세금

다음으로 명의신탁자가 부동산 소유자와 매매계약을 체결하고 명의수탁자 명의로 등기가 이루어지는 경우를 '3자간 등기명의신탁'이라고 합니다. 이 경우에도 부동산실명법에 따라 명의신탁약정은 무효이고, 그에 따른 등기 역시 무효입니다. 다만 명의신탁자와 매도인 사이에 체결된 매매계약은 유효합니다. 따라서 명의신탁자는 매도인을 대위하여 명의수탁자를 상대로 소유권이전등기의 말소를 청구하거나 매도인을 상대로 매매계약에 기한 소유권이전등기를 청구할 수 있습니다. 비록 법률상 소유자는 여전히 매도인이고, 공부상 소유자는 명의수탁자이지만, 명의신탁자가 매매대금을 모두 지급했다면 사실상 소유자는 바로 명의신탁자인 것이죠.

앞서 본 사례가 3자간 등기명의신탁의 전형적인 예입니다. 철수가 명의신탁자, 동생이 명의수탁자인 것이죠. 철수는 아파트의 사실상 소유자로서 매매대금을 모두 지급한 때 취득세 납세의무를 부담하고(대법원 2018. 3. 22. 선고 2014두43110 전원합의체 판결), 재산세 과세기준일 이전에 매매대금을 모두 지급하였다면 재산세 납세의무 역시 부담합니다[대법원 2020. 11. 26. 선고 2019다298222(본소), 2019다298239(반소) 판결]. 아파트 경락 대금, 즉 양도소득은 명의신탁자인 철수에게 사실상 귀속되었다고 볼 수 있으므로, 양도소득세 납세의무 역시 철수에게 있습니다.

동생에게 부과된 세금의 운명은?

따라서 과세관청이 동생에게 부과한 양도소득세나 재산세 등은 모두 위법합니다. 동생은 과세관청을 상대로 한 과세처분에 이의신청 등을 세금을 면할 수 있습니다. 그런데 동생이 명의신탁을 숨기기 위해 아파트에 부과된 재산세 등을 납부했었다면, 철수를 상대로 그 재산세 등의 반환을 구할 수 있을까요? 이 문제는 조세불복 실무 노트에서 함께 살펴봅시다.

세금이 부과된 명의수탁자의 구제수단

　3자간 등기명의신탁의 경우, 명의신탁 부동산의 취득, 보유 및 양도와 관련한 세금의 납세의무자는 명의신탁자입니다. 다만 공부상 소유자가 명의수탁자이므로 실제로는 명의수탁자에게 각종 세금이 부과되거나 신고·납부되는 경우가 많습니다. 사례에서도 동생이 양도소득세나 재산세 등 각종 세금이 부과되었죠. 동생(명의수탁자)이 명의신탁을 숨기기 위해 자신에게 부과된 양도소득세나 재산세 등을 납부했다면, 철수(명의신탁자)를 상대로 자신이 납부한 세금 상당액을 청구할 수 있을까요?

　명의신탁이 이루어지면 명의신탁자가 그에 따른 세금을 부담하기로 하는 명시적·묵시적 약정이 있는 경우가 일반적이라는 이유로 명의수탁자는 약정을 근거로 명의신탁자에게 자신이 부담한 세금을 청구할 수 있다는 견해가 있습니다. 그러나 부동산실명법에 의해 무효인 명의신탁에 부수된 약정이 무효인 점을 고려하면(대법원 2015. 9. 10. 선고 2013다55300 판결), 명의신탁자가 세금을 부담하기로 하는 약정 또한 무효라고 볼 여지가 크죠. 동생이 철수를 상대로 철수와의 합의, 즉 "철수가 아파트에 관한 세금을 모두 부담하기로 했다."는 약정을 근거로 세금 상당액을 청구하는 소를 제기하였다면, 패소 판결을 받을 가능성이 큽니다.

그렇다면 부당이득반환청구는 가능할까? 즉 동생이 아파트에 관한 각종 세금을 납부함으로써 철수가 그 세금을 납부하지 않는 이익을 보았으므로, 그 상당액을 부당이득으로 반환하라는 주장은 어떨까요? 하지만 동생(명의수탁자)은 철수(명의신탁자)의 납세의무를 대신 이행한 것이 아니라 자신에게 잘못 부과된 자신의 세금을 납부한 것에 불과합니다. 동생의 세금 납부에도 불구하고 철수의 납세의무는 존속하므로 철수가 그로 인한 이득을 얻었다고 볼 수 없으므로, 동생의 부당이득반환청구 역시 받아들여지기 어렵습니다.

대법원 2020. 9. 3. 선고 2018다283773 판결

… 과세관청이 3자간 등기명의신탁에 따라 해당 부동산의 공부상 소유자가 된 명의수탁자에게 재산세 부과처분을 하고 이에 따라 명의수탁자가 재산세를 납부하였더라도 명의수탁자가 명의신탁자 또는 그 상속인을 상대로 재산세 상당의 금액에 대한 부당이득반환청구권을 가진다고 보기는 어렵다. … 명의수탁자가 재산세를 납부하게 된 것은 명의수탁자가 해당 부동산에 관한 공부상 소유자로 등재되어 있어 명의수탁자에게 재산세가 부과되었기 때문이고, 명의수탁자가 자신에게 부과된 재산세를 납부하였다고 하여 명의신탁자가 재산세 납부의무를 면하는 이득을 얻게 되었다고 보기 어렵다. 명의신탁자는 여전히 해당 부동산에 대한 재산세 납부의무를 부담한다. …

결국 동생은 과세관청을 상대로 조세불복 절차를 통해 자신이 납부한 세금의 반환을 구할 수밖에 없습니다. 제소기간 도과 등으로 불복할 수 없는 세금이 있다면, 그 손해는 동생이 감수해야 하죠. 다만 과세관청이 명의신탁을 알게 되어 제척기간 도과 전에 철수에게 세금을 부과하였다면, 과세실무상 과세관청은 동생에게 환급을 해줄 가능성이 큽니다.

5장
세금계산서를 발행해 주지 않으면
손해배상을 해야 한다고?

들어가며: 부가가치세와 세금계산서

부가가치세법에 의하면, 재화 또는 용역을 공급하는 사업자는 공급을 할 때 공급받는 사업자로부터 부가가치세를 징수해야 하고, 공급받는 사업자에게 세금계산서를 발급해야 합니다.

부가가치세법

제32조(세금계산서 등)

① 사업자가 재화 또는 용역을 공급(…)하는 경우에는 다음 각 호의 사항을 적은 계산서(이하 "세금계산서"라 한다)를 그 공급을 받는 자에게 발급하여야 한다.

1. 공급하는 사업자의 등록번호와 성명 또는 명칭

2. 공급받는 자의 등록번호. 다만, …

3. 공급가액과 부가가치세액

　4. 작성 연월일

　5. 그 밖에 대통령령으로 정하는 사항

　세금계산서란 사업자가 재화 또는 용역을 공급하는 때에 부가가치세를 징수하고 이를 징수하기 위하여 그 재화 또는 용역을 공급받는 자에게 발급하는 부가가치세 징수에 대한 영수증을 의미합니다. 사업자가 재화 또는 용역을 공급하는 경우에는 세금계산서를 그 공급을 받는 자에게 발급하여야 합니다. 발급의무를 불이행하면 가산세가 부과되거나 처벌 등을 받게 됩니다(부가가치세법 제60조 제2항, 조세범처벌법 제10조 제1항 제1호 등).

　한편 사업자는 일정한 과세기간이 종료되면 국가에 정해진 납부세액을 신고·납부해야 합니다. 이때 공급하는 사업자의 납부세액은 매출세액에서 매입세액을 공제해 계산합니다. 여기서 매출세액은 공급하는 사업자가 거래징수를 하였는지, 세금계산서를 제대로 발급하였는 여부와 무관하게 실제 어떤 재화와 용역을 공급하였는지, 그리고 공급한 재화 또는 용역의 정당한 가액이 얼마인지에 의해 결정됩니다.

　반면 공급받는 사업자는 실제로 재화나 용역을 공급받았어도 적법한 세금계산서를 공급하는 사업자로부터 발급받지 못하면 매입세액공제를 받을 수 없습니다. 다시 말해 공급받는 사업자가 매입세액공제를 받을 수 있는지 여부가 공급하는 사업자가 제대로 된 세금계산서를 발급하는지에 달려 있는 셈입니다.

그렇다면 공급하는 사업자가 세금계산서를 발급하지 않으면, 공급받는 사업자는 어떤 법적 조치를 취할 수 있을까요? 이 부분은 다음 글에서 살펴보겠습니다.

세금계산서 미발행과 손해배상

게임회사인 소형엔터는 건설회사인 중형건설에 사옥신축공사를 20억원(부가가치세 별도)에 도급 주었다. 중형건설은 사옥신축공사를 마쳤고, 소형엔터는 중형건설에 공사대금 20억원과 부가가치세 2억원, 합계 22억원을 지급했다. 하지만 공사가 끝났음에도 중형건설은 소형엔터에 세금계산서를 발급하지 않았다. 소형엔터가 중형건설에 세금계산서 발급을 계속 독촉하던 중 중형건설은 부도가 났고 얼마 후 중형건설은 대형건설에 흡수합병이 되었다. 소형엔터는 중형건설의 세금계산서 미발급으로 매입세액 2억원을 공제받지 못하는 손해를 입었다며 중형건설을 흡수합병한 대형건설을 상대로 2억원의 손해배상청구의 소를 제기했다. 이에 대형건설은 소형엔터가 매입자발행세금계산서 제도를 통해 매입세액 공제를 받을 수 있었으므로 소형엔터의 손해와 중형건설의 세금계산서 미발급 사이에는 인과관계가 없다며 다퉜다.

부가가치세란

부가가치세(이하 '부가세')는 재화나 용역이 생산·제공되거나 유통되는 단계에서 창출된 부가가치에 과세하는 세금입니다. 사업자가 납부해야 할 부가세액은 사업자가 공급한 재화나 용역에 대한 세액(매출세액)에서 그 사업자가 공급받은 재화나 용역에 대한 세액(매입세액)을 공제하는 방법으로 산출됩니다.

주식회사 A가 주식회사 B에게 종이를 110만원(부가세 10만원 포함)에 팔았고, 주식회사 B가 그 종이를 이용하여 노트를 만들어 주식회사 C에게 330만원(부가세 30만원 포함)에 팔았다고 가정해봅시다. B의 매입세액은 A로부터 종이를 사면서 지급한 10만원이고, B의 매출세액은 C에게 노트를 팔면서 받은 30만원입니다. B가 납부해야 할 부가세액은 매출세액 30만원에서 매입세액 10만원을 뺀 20만원이죠.

만약 B가 C에게 55만원(부가세 5만원 포함)밖에 팔지 못했다면, B가 납부해야 할 부가세는 − 5만원(= 매출세액 5만원 − 매입세액 10만원)입니다. B가 납부해야 할 부가가치세가 음수인 때는 국가가 B에게 5만원을 환급해줍니다.

매입세액 공제와 세금계산서

각 거래단계에서 새롭게 만들어진 '부가가치'에 대해 과세를 한다는 부가세의 구조를 생각하면 매입세액은 언제나 공제되어야 합니다. 하지만 부가세법은, 공급자는 공급받는 자에게 세금계산서를 발급하여야 한다는 세금계산서 발급의무를 덧붙이면서 실제 거래가 이루어진 경우에도 세금계산서를 발급받지 못한 공급받는 자는 그 매입세액을 공제받지 못한다고 정하고 있습니다.

즉 A, B가 부가세를 포함하여 거래를 하였음에도 모두 세금계산서를 발급하지 않으면 B, C는 매입세액을 공제받지 못하는 것이죠. 그렇다면 이 경우 두 거래의 중간에 끼여 있는 B의 납부세액은 얼마일까요? B가 C에게 세금계산서를 발급하지 않았어도 매출세액 30만원은 B의 납부세액에 포함됩니다. 반면 A가 B에게 세금계산서를 발급하지 않으면 B는 10만원의 매입세액을 공제받을 수 없습니다. 결국 B는 30만원(= 매출세액 30만원 − 매입세액 공제 0원)을 부가세로 납부해야 하는 것이죠.

세금계산서 미발행과 매입자발생세금계산서 제도

B가 매입세액 공제를 받을 수 있는지 여부가 A의 세금계산서 발급 여부에 달려 있는 셈이죠. B가 A의 세금계산서 발급을 강제할 수 없다는 점에서 부당해 보이기도 합니다. 이러한 점 때문에 부가

세법은 매입자발행세금계산서 제도를 두고 있습니다.

부가가치세법

제34조의2(매입자발행세금계산서에 따른 매입세액 공제 특례)

① … 납세의무자로 등록한 사업자로서 대통령령으로 정하는 사업자(…)가 재화 또는 용역을 공급하고 … 세금계산서 발급 시기에 세금계산서를 발급하지 아니한 경우(…) 그 재화 또는 용역을 공급받은 자는 대통령령으로 정하는 바에 따라 관할 세무서장의 확인을 받아 세금계산서를 발행할 수 있다.

② 제1항에 따른 세금계산서(…)에 기재된 부가가치세액은 대통령령으로 정하는 바에 따라 … 공제를 받을 수 있는 매입세액으로 본다.

매입자발행세금계산서 제도는 공급자가 세금계산서를 발급하지 않으면, 매입자가 해당 재화의 공급시기가 속한 과세기간의 종료일로부터 1년 이내에 세무서에 그 거래사실을 확인받아 세금계산서를 발행하고 그 세금계산서로 매입세액 공제를 받는 제도입니다. B는 A가 세금계산서를 발행하지 않으면 과세관청에 거래사실을 확인받아 세금계산서를 발행하여 매입세액 10만원을 공제받을 수 있습니다.

세금계산서 미발행과 손해배상 청구

그렇다면 B는 매입자발행세금계산서 발행을 하지 않고 A를 상대로 매입세액을 공제받지 못한 손해의 배상을 청구할 수 있을까요? 대법원은 공급자(A)가 공급받는 자(B)로부터 부가세액을 지급받았음에도 정당한 사유 없이 세금계산서를 발급하지 않아 공급받는

자가 매입세액을 공제받지 못하였다면, 공급자는 원칙적으로 공급
받는 자에 대하여 공급받지 못한 매입세액 상당을 배상할 책임이
있다고 보고 있습니다. 공급자의 손해배상책임은 공급받는 자가 매
입자발행세금계산서 발행 절차를 통하여 매입세액을 공제받지 않
았더라도 특별한 사정이 없는 한 마찬가지라고 보았죠.

대법원 2017. 12. 28. 선고 2017다265266 판결

재화 또는 용역을 공급한 사업자가 그 공급을 받은 자로부터 부가가치세액을
지급받았음에도 **정당한 사유 없이 세금계산서를 발급하지 않는 바람에 공급**
을 받은 자가 매입세액을 공제받지 못하였다면, 공급자는 원칙적으로 공급받
은 자에 대하여 공제받지 못한 매입세액 상당의 손해를 배상할 책임이 있다.
이는 앞서 본 바와 같이 공급자는 공급받는 자에게 세금계산서를 의무적으로
발급하여야 하는 점, 매입자발행세금계산서 발행 제도의 입법취지 내지 목
적, 기능과 그 이용에 시간적 제한이 있는 점 등에 비추어 **공급받는 자가 매
입자발행세금계산서 발행 절차를 통하여 매입세액을 공제받지 않았다고 하
더라도 특별한 사정이 없는 한 마찬가지라고 할 것이다.

즉 B는 매입자발생세금계산서 제도를 이용하지 않았어도 A를 상
대로 손해배상을 청구할 수 있습니다.

처음 사례를 볼까요. 중소건설은 소형엔터에 세금계산서를 발급
하지 않았고, 그로 인해 소형엔터는 매입세액 2억원을 공제받지

못했습니다. 따라서 중소건설의 권리·의무를 포괄승계한 대형건설은 소형엔터에 손해배상을 해야 합니다. 대형건설은 소형엔터가 매입자발생세금계산서 제도를 이용하지 않았더라도 손해배상책임을 면할 수 없습니다. 다만 현재 실무는 공급받는 자가 매입자발생세금계산서 제도를 이용하여 매입세액을 공제받을 수 있었음에도 그 제도를 이용하지 않았다면, 이를 손해배상책임의 감경사유로 보고 있습니다. 즉 특별한 이유 없이 매입자발생세금계산서 제도를 이용하지 않은 소형엔터는 2억원 전액이 아닌 일부 금액에 대해서만 손해배상을 받을 가능성이 큽니다.

공급시기 이후에 작성된 세금계산서와 매입세액 공제

세금계산서는 사업자가 재화 또는 용역의 공급시기에 발급해야 합니다. 재화 또는 용역의 공급시기에 대해서는 부가가치세법 제15조, 제16조 등에서 상세히 정하고 있죠. 만약 사업자가 재화 또는 용역의 공급시기가 지난 후에 세금계산서를 발급했다면, 재화 또는 용역을 공급받은 사업자는 그 세금계산서로 매입세액을 공제받을 수 있을까요?

부가가치세법은 원칙적으로 작성 연월일 등 필요적 기재사항이 사실과 다른 세금계산서로는 매입세액을 공제받을 수 없다고 정하고 있습니다. 실제의 공급시기와 세금계산서의 작성 연월일이 다르다면, 그 세금계산서는 사실과 다른 세금계산서라고 볼 수 있죠.

하지만 대법원은 세금계산서의 상호검증기능과 부가가치세제의 법리를 해하지 않으면서 사업자간의 세금계산서의 수수상의 편의를 도모할 수 있다는 점 등을 고려해 세금계산서를 작성하여 발급한 시기가 공급시기와 다르더라도 양 시기가 같은 과세기간에 속한다면 매입세액을 공제받을 수 있다고 보았습니다.

세금계산서의 작성일이 사실상의 거래시기와 다르게 되어 있을 뿐 그 거래사실은 그 세금계산서의 기재대로 확인된다면 위 거래사실에 대한 매입세액은 공제되어야 하는 것이지만, 이는 어디까지나 세금계산서 작성일이 속하는 과세기간과 사실상의 거래시기가 속하는 과세기간이 동일한 경우에 한하는 것이라 함이 당원의 견해인바, …

반면 대법원은 공급시기가 속한 과세기간이 지난 후에 작성·발급된 세금계산서로는 매입세액이 공제될 수 없다고 보았습니다. 설령 세금계산서의 작성 연월일을 공급시기로 소급하여 작성하였더라도 매입세액 공제를 받을 수 없다고 보았죠.

… 매입세액의 공제가 부인되는 "세금계산서의 필요적 기재사항의 일부인 '작성연월일'이 사실과 다르게 기재된 경우"라 함은 세금계산서의 실제작성일이 거래사실과 다른 경우를 의미하고, 그러한 경우에도 … 그 세금계산서의 나머지 기재대로 거래사실이 확인된다면 위 거래사실에 대한 매입세액은 공제되어야 하지만, 이는 어디까지나 세금계산서의 실제작성일이 속하는 과세기간과 사실상의 거래시기가 속하는 과세기간이 동일한 경우(이러한 경우이면 세금계산서 상의 '작성연월일'이 실제작성일로 기재되든, 사실상의 거래시기 또는 어느 특정시기로 소급하여 기재되든 묻지 아니한다)에 한한다고 보아야 할 것인바, … **과세기간이 경과한 후에 작성한 세금계산서는 작성일**

자를 공급시기로 소급하여 작성하였다 하더라도 … '필요적 기재사항의 일부가 사실과 다르게 기재된' 세금계산서에 해당하므로 이 경우의 매입세액은 매출세액에서 공제되어서는 아니 된다.

　이후 정부는 사업자들의 세금계산서 지연 수취에 따른 세부담의 경감을 위해 매입세액의 공제가 가능한 세금계산서의 범위를 확대하였습니다. 먼저 2016. 2. 17. 개정된 부가가치세법 시행령은 공급시기가 속한 과세기간이 지난 후에 세금계산서를 발급받은 경우라도 해당 과세기간에 대한 '확정신고기간'까지 세금계산서를 발급받았다면 매입세액 공제가 가능하다고 정하였고(현행 3호), 이후 2019. 2. 12. 개정된 부가가치세법 시행령은 확정신고기한 다음 날부터 6개월 이내(이후 1년으로 연장)에 세금계산서를 발급받았고, 일정한 요건을 충족한 경우에는 역시 매입세액의 공제가 가능하다는 규정을 신설하였습니다(현행 7호).

부가가치세법 시행령
제75조(세금계산서 등의 필요적 기재사항이 사실과 다르게 적힌 경우 등에 대한 매입세액 공제) 법 제39조 제1항 제2호 단서에서 "대통령령으로 정하는 경우"란 다음 각 호의 어느 하나에 해당하는 경우를 말한다.
3. 재화 또는 용역의 공급시기 이후에 발급받은 세금계산서로서 해당 공급시기가 속하는 과세기간에 대한 확정신고기한까지 발급받은 경우
7. 재화 또는 용역의 공급시기가 속하는 과세기간에 대한 확정신고기한이 지

난 후 세금계산서를 발급받았더라도 그 세금계산서의 발급일이 확정신고기한 다음 날부터 1년 이내이고 다음 각 목의 어느 하나에 해당하는 경우

가. … 과세표준수정신고서와 … 경정 청구서를 세금계산서와 함께 제출하는 경우

나. 해당 거래사실이 확인되어 … 납세지 관할 세무서장 …이 결정 또는 경정하는 경우

5편

회사와 세금

"세금계산서를 못 받으면 매입세액 공제를 못 한다고요?"
"세금계산서를 발급하지 않으면 손해배상까지 해야 합니까?"
"회계와 세무가 다르다면 어느 쪽을 따라야 하죠?"

회사는 돈을 벌고, 사람에게 보상을 하고, 자산을 사고팝니다. 그 과정마다 세법은 같은 돈이어도 사안에 따라 달리 취급합니다. 이처럼 회사의 세금 문제는 복잡합니다. 회계상 이익과 세법상 소득이 달라서 생기는 차이, 세금계산서 발급 여부에 따른 매입세액 공제 문제 등은 기업의 현금흐름과 직결됩니다. 이 장에서는 법인세와 부가가치세의 기본 구조를 짚으면서, 세금계산서 발급, 기업업무추진비와 광고비의 구별 등 실제 기업이 부딪히는 갈등 지점을 다룹니다.

1장
임원에게 과다한 급여를 지급하면?

들어가며: 법인세의 과세대상

법인세는 법인의 각 사업연도의 소득에 대해 부과되는 조세입니다. 여기서 말하는 '소득'이란 무엇일까요?

법인세법

제14조(각 사업연도의 소득)

① 내국법인의 각 사업연도의 소득은 그 사업연도에 속하는 익금의 총액에서 그 사업연도에 속하는 손금의 총액을 뺀 금액으로 한다.

여기서 익금은 자본의 납입 등의 자본거래를 제외하고 법인의 순자산을 증가시키는 거래로 인한 수익을 의미합니다. 손금 역시 출자의 환급 등의 자본거래를 제외한 법인의 순자산을 감소시키는 거래로 인한 비용을 의미하죠. 결국 법인의 소득이란 원칙적으로 사업연도동안 순자산이 얼마나 늘었는지를 기준으로 판단합니다.

이러한 소득 개념은 소득세법상 개인 소득에 대한 과세 방식과 비교하면 그 의미를 명확히 알 수 있습니다. 명예훼손을 당한 철수가 위자료 1,000만원을 받았다고 가정해봅시다. 이 돈은 철수의 재산을 늘렸지만 소득세 과세대상이 아닙니다. 왜냐하면 소득세는 소득세법이 정한 소득에 해당해야 과세될 수 있는데, 명예훼손을 이유로 한 위자료에 대해서는 소득세법이 과세대상으로 정하고 있지 않기 때문이죠. 반면 명예훼손을 당한 주식회사가 위자료 1,000만원을 받았다면 어떨까요? 주식회사의 순자산이 1,000만원만큼 증가한 이상 법인세 과세대상이 됩니다. 법인세법에서 위자료가 과세대상이라고 정하고 있지 않더라도 말이죠.

다만 법인의 모든 순자산 증감이 법인의 각 사업연도의 소득에 영향을 주는 것은 아닙니다. 법인세법은 순자산이 증가하거나 감소했어도, 예외적으로 익금이나 손금에 해당하지 않는다고 정한 여러 예외 규정을 두고 있습니다. 법인이 법 위반으로 지출한 벌금이나 과태료가 대표적이죠. 벌금이나 과태료를 납부하면 법인의 순자산이 줄어들지만, 이를 손금에 반영하지 않습니다. 이를 손금으로 인정하면, 법인이 부담할 벌금이나 과태료를 국가가 세금으로 보조해주는 효과가 있기 때문이죠.

실무에서 발생하는 많은 법인세 분쟁이 바로 이 예외 규정과 관련됩니다. 다음 글에서 살펴볼 '임원에 대한 과다보수' 역시 손금에 관한 법인세법의 예외규정이 관련되어 있습니다.

임직원에 대한 과다보수와 법인세

주식회사 럭스출판은 철수 가족이 모든 주식을 보유한 가족회사로 철수가 대표이사를 맡고 있다. 럭스출판의 매출은 2020년까지 높지 않았지만 2021년부터 출간한 책들이 베스트셀러가 되면서 매출이 급증했다. 럭스출판의 2021년 영업이익은 10억원이 넘었고, 법인세로 약 1억 8,000만원을 납부했다. 럭스출판은 2022년부터 대표이사인 철수의 보수를 1억원에서 11억원으로 인상했다. 럭스출판의 2022년도 매출액은 2021년도와 비슷했지만 철수에게 보수를 지급하고 나니 남은 이익이 없었다. 이에 럭스출판은 세무서에 2022년도 이익이 없다며 법인세를 0원으로 신고했다.

그러자 세무서는 출판업계 최상위 3개 업체의 대표이사 평균연봉이 5억원이라며 대표이사이자 대주주인 철수가 받은 11억원 중 5억원을 초과하는 6억원은 실질적으로 주주에 대한 배당(이익처분)으로 대외적으로 보수의 형식을 취한 것에 불과하므로 6억원을 럭스출판의 비용으로 볼 수 없다며(손금불산입), 6억원을 럭스출판의 이익으로 보아 럭스출판에 법인세 1억원을 부과했다.

임직원의 보수와 법인세

우리나라에는 회사 주식 대부분을 친족이 소유하는 가족회사가 많습니다. 가족회사에 대한 세무조사에서 항상 제기되는 이슈가 있습니다. 바로 대표이사를 비롯한 대표이사의 친인척에 대한 보수가 적정한지 여부이죠. 세무조사에서 대표이사나 친인척의 보수가 문제되는 이유는 무엇일까요?

법인세는 법인의 해당 사업연도에 발생한 수익(익금)에서 그 사업연도에 발생한 손실과 비용(손금)을 뺀 소득(법인세 과세표준)에 부과됩니다. 여기서 '손금'은 회사의 순자산을 감소시키는 손실 또는 비용의 금액을 말합니다. 인건비, 임차료, 감가상각비 등이 대표적인 손금 항목이죠. 직원에게 보수를 지급하면 회사의 비용이 늘어나 소득이 적어지므로 법인세 역시 줄어들죠.

주주에 대한 배당금과 법인세

하지만 주주에게 배당금을 지급하는 경우는 다릅니다. 주주에게 배당금을 지급해 회사가 가지고 있던 현금이 줄어들어도 회사가 납부해야 할 법인세에는 영향이 없습니다. 왜 그럴까요? 직접적인 이유는 법인세법이 주주에 대한 배당금 지급과 같은 잉여금의 처분 등을 손금에서 제외한다고 정하기 때문입니다.

법인세법
제20조(자본거래 등으로 인한 손비의 손금불산입)
다음 각 호의 금액은 내국법인의 각 사업연도의 소득금액을 계산할 때 손금에 산입하지 아니한다.
1. 결산을 확정할 때 잉여금의 처분을 손비로 계상한 금액

위와 같은 규정을 둔 이유는 무엇일까요? 회사는 주주의 이익을 위해 설립됩니다. 가령 주주가 회사에 100만원을 출자하여 회사의 순자산이 100만원 증가하더라도 주주가 출자한 100만원은 법인세 부과의 대상이 되는 이익에 해당하지 않습니다. 주주의 출자금을 회사의 이익이라고 보아 법인세를 부과하는 것은 회사 제도의 취지에 반한다고 보기 때문이죠. 같은 이유로 회사가 번 돈을 주주에게 배당금으로 지급하여 회사의 순자산이 감소하더라도 법인세법은 그 배당금을 회사의 손실이나 비용으로 보지 않습니다.

대주주 겸 대표이사가 배당 대신 보수를 받는 이유

결론적으로 회사가 직원에게 1억원을 인건비로 지급하면 회사가 납부해야 하는 법인세가 줄어들지만, 주주에게 1억원을 배당금으로 지급하면 회사가 납부해야 하는 법인세는 줄어들지 않습니다. 물론 회사가 납부한 법인세의 일부를 주주가 부담해야 할 세액에서 공제해주는 배당세액공제 제도가 있으나 공제비율이 크지 않습니다. 배당소득과 달리 근로소득에 대해서는 여러 공제제도가 있지만, 액수가 커지면 그 공제액이 미치는 영향은 미미합니다. 그렇기 때문에 주주가 임직원을 겸하는 가족회사의 경우, 회사에 큰 이익이 났다면 그 이익금을 배당으로 받는 것보다 급여로 받는 것이 더 유리할 때가 많습니다.

더욱이 배당금은 주식 비율에 따라 일률적으로 지급해야 합니다. 그렇기에 회사 주식 중 일부를 지배주주나 그 가족이 아닌 다른 사람이 보유하고 있다면 배당보다 보수를 선택할 유인이 더 크죠.

앞의 사례를 봅시다. 2021년 럭스출판의 법인세 과세표준이 영업이익과 동일한 10억원이라고 가정해 보죠. 법인세율이 2억원까지는 10%, 2억원을 넘는 부분에 대해서는 20%이므로 럭스출판은 2021년에 1억 8,000만원의 법인세를 납부해야 합니다. 영업이익 10억원을 전부 철수 가족에게 배당하여도 법인세는 줄어들지 않습니다. 만약 영업이익 10억원을 철수에게 보수로 지급하였다면 10억원이 모두 비용으로 인정되기 때문에 럭스출판은 법인세를 납부하지 않을 수 있습니다.

지배주주인 임원 보수에 대한 세법상 통제

가족회사의 경우에 지배주주인 임원 보수를 모두 손금으로 인정하면 부당한 결과가 생길 수 있습니다. 회사가 얻은 이익을 주주에게 배당할지, 아니면 대표이사에게 보수로 지급할지를 대주주인 대표이사가 결정할 수 있기 때문이죠. 실제로 사례처럼 대표이사의 보수를 높게 책정하여 법인세를 적게 내려는 회사들이 있습니다.

법인세법령은 이러한 탈법행위를 막기 위해 과다하거나 부당한 보수를 손금에 산입하지 않는다는 규정을 두고 있습니다.

제26조(과다경비 등의 손금불산입)

다음 각 호의 손비 중 대통령령으로 정하는 바에 따라 과다하거나 부당하고 인정하는 금액은 내국법인의 각 사업연도의 소득금액을 계산할 때 손금에 산입하지 아니한다.

1. 인건비

제43조(상여금 등의 손금불산입)

① 법인이 그 임원 또는 직원에게 이익처분에 의하여 지급하는 상여금은 이를 손금에 산입하지 아니한다. …

③ 법인이 지배주주등(특수관계에 있는 자를 포함한다. 이하 이 항에서 같다) 인 임원 또는 직원에게 정당한 사유없이 동일직위에 있는 지배주주등 외의 임원 또는 직원에게 지급하는 금액을 초과하여 보수를 지급한 경우 그 초과금액은 이를 손금에 산입하지 아니한다.

법인세법 시행령 제43조 제3항은 지배주주인 임직원과 비교할 수 있는 동일직위에 있는 임직원이 있어야 적용할 수 있습니다. 그런데 지배주주인 대표이사의 경우에는 비교대상인 동일직위에 있는 임원이 없는 경우가 많죠. 이 경우에는 법인세법 시행령 제43조 제1항에 의해 손금이 불산입될 수 있습니다.

대법원 2017. 9. 21. 선고 2015두60884 판결

법인이 임원에게 직무집행의 대가로서 지급하는 보수는 법인의 사업수행을 위하여 지출하는 비용으로서 원칙적으로 손금산입의 대상이 된다. 하지만 … 법인의 소득을 부당하게 감소시키는 것을 방지하기 위한 구 법인세법 제26 조, 법인세법 시행령 제43조의 입법취지 등에 비추어 보면, … **해당 보수가**

임원의 업무집행에 대한 정상적인 대가라기보다는 주로 법인에 유보된 이익을 분여하기 위하여 대외적으로 보수의 형식을 취한 것에 불과하다면, 이는 이익처분으로서 손금불산입 대상이 되는 상여금과 그 실질이 동일하므로 법인세법 시행령 제43조에 따라 손금에 산입할 수 없다고 보아야 한다.

이처럼 법원은 회사가 납부해야 하는 법인세를 부당하게 감소시키려는 의도에서 대표이사의 보수를 과다하게 책정한 경우에는 그 보수는 실질적으로 배당금에 해당하기 때문에 과다하게 지급된 보수를 손금에 산입할 수 없다고 보고 있습니다. 즉 대표이사의 보수 중 실질적으로 배당금에 해당하는 부분에 대해서는 회사가 법인세를 납부해야 합니다. 지배주주의 가족인 직원에게 과다한 보수가 지급된 경우에도 같은 이유로 회사에 법인세가 추가로 부과될 수 있습니다. 때문에 가족회사에 대한 세무조세에서는 항상 지배주주인 대표이사 또는 지배주주의 가족인 임직원의 보수가 적정한지가 문제되는 것이죠.

과다보수의 판단기준은

그렇다면 지배주주인 대표이사의 보수가 적정한지 여부는 어떻게 판단할 수 있을까요? 대법원은 보수가 법인의 영업이익에서 차지하는 비중과 규모, 해당 법인 내 다른 임원들 보수와의 격차, 다른 주주들에 대한 배당금 지급 여부 등 여러 사정을 종합하여 판단하여야 한다고 보고 있습니다. 조금 더 구체적으로는 주주에 대한 배당이 오랜 기간 없었고, 매출총이익 중 대표이사 보수가 차지하는 비율이 높으며, 무엇보다 사례와 같이 동종업계 최상위 3개 업체의 평균보수보다 특별한 이유 없이 높은 보수가 지급되었다면, 과다한 보수가 지급되었다고 보는 경향이 있습니다.

가족회사라도 지배주주와 무관한 일반직원에 대한 보수는 많이 지급하여도 특별히 세법상 문제가 발생하지는 않습니다. 하지만 지배주주나 그 가족인 임직원에 대한 보수는 예상치 못한 세금 문제가 발생할 수 있으므로 주의할 필요가 있습니다.

과다보수와 손금불산입 범위

법인이 대표이사나 직원에게 지급하는 보수 중 일부는 세법상 비용(손금)으로 인정되지 않을 수 있습니다. 이에 관한 규정이 앞에서 본 법인세법 시행령 제43조(이하 단순히 '시행령 제43조')입니다.

법인세법 시행령
제43조(상여금 등의 손금불산입)
① 법인이 그 임원 또는 직원에게 이익처분에 의하여 지급하는 상여금은 이를 손금에 산입하지 아니한다. …
② 법인이 임원에게 지급하는 상여금중 정관·주주총회·사원총회 또는 이사회의 결의에 의하여 결정된 급여지급기준에 의하여 지급하는 금액을 초과하여 지급한 경우 그 초과금액은 이를 손금에 산입하지 아니한다.
③ 법인이 지배주주등(…)인 임원 또는 직원에게 정당한 사유없이 동일직위에 있는 지배주주등 외의 임원 또는 직원에게 지급하는 금액을 초과하여 보수를 지급한 경우 그 초과금액은 이를 손금에 산입하지 아니한다.

시행령 제43조 제2항, 제3항은 과다경비의 손금불산입에 관한 법인세법 제26조 제1호에 따라 손금불산입이 되는 인건비의 대상 및 범위를 구체적으로 정한 규정입니다. 반면 시행령 제43조 제1항은 잉여금의 처분을 손금에서 제외한다는 법인세법 제20조 제1호를 확인하는 규정이죠. 임직원에게 지급된 보수의 실질적인 성격이 이익처분일 이라면 시행령 제43조 제1항이 적용되고, 그러한 증명이 없더라도 시행령 제43조 제2항, 제3항은 적용될 수 있습니다.

시행령 제43조 제1항과 시행령 제43조 제2항, 제3항은 효과에 있어 중요한 차이점이 있습니다. 시행령 제43조 제2항, 제3항은 상여금이나 보수 중 일정한 기준을 넘는 '초과금액'을 손금에 산입하지 않는다고 정하고 있습니다. 반면, 시행령 제43조 제1항은 단순히 '상여금'을 손금에 산입하지 않는다고 정하고 있습니다.

시행령 제43조 제1항 문언만 보면 상여금 전부가 손금불산입이 되어야할 것으로 보입니다. 앞 사례로 봅시다. 과세관청은 철수에게 지급된 11억원 중 5억원을 초과하는 6억원을 손금불산입했습니다. 그런데 시행령 제43조 제1항에 의하면, 11억원 전부를 손금불산입 해야 하지 않을까요?

대법원 2017. 9. 21. 선고 2015두60884 판결 ────────────

또한 증명의 어려움이나 공평의 관념 등에 비추어, (해당 보수가 임원의 직무집행에 대한 정상적인 대가라기보다는 주로 법인에 유보된 이익을 분여하기 위하여 대외적으로 보수의 형식을 취한 것에 불과하다는) 사성이 상당한 정도로 증명된 경우에는 보수금 전체를 손금불산입의 대상으로 보아야 하고, 위 보수금에 직무집행의 대가가 일부 포함되어 있어 그 부분이 손금산입의 대상이 된다는 점은 보수금 산정 경위나 그 구성내역 등에 관한 구체적인 자료를 제출하기 용이한 납세의무자가 이를 증명할 필요가 있다.

시행령 제43조 제1항은 실질적 이익처분에 해당하는 상여금을 손금불산입한다는 규정입니다. 11억원 전부를 손금불산입하기 위해서는 11억원 전부가 실질적 이익처분이어야 합니다. 다만 판례는 위에서 본 것처럼 과세관청이 보수의 실질적 성격이 이익처분이라는 점을 증명하면, 원칙적으로 그 보수금 전체가 손금불산입의 대상이라고 보고 있습니다. 오히려 납세의무자가 그 보수금 중 직무집행의 대가, 즉 실질적 의미의 보수에 해당하는 부분을 증명해야 한다는 것이죠. 그러한 증명을 하지 못하면 보수금 전체가 손금불산입 대상이 됩니다.

다만 실무상 과세관청이 과다한 상여금 전부를 손금불산입하는 사례는 많지 않습니다. 현재 실무상 보수의 실질적 성격이 이익처분이라는 점을 인정할 수 있는 핵심적인 사정은 해당 보수가 동종업계 최상위 3개 업체의 평균보수보다 높다는 것입니다. 이 때문에 과세관청은 과다한 보수 전부를 손금불산입하여 조세소송에서 일부 패소의 위험을 부담하기 보다 안전하게 사례처럼 동종업게 최상위 3개 업체의 평균보수를 초과하는 부분만을 손금불산입하는 경향이 있습니다. 주의할 것은 과세관청이 과다한 보수 전부를 손금불산입하여 과세처분을 하였다면, 납세의무자가 정당한 보수가 얼마인지를 증명해야 한다는 것입니다.

2장
회사로부터 받은 해고합의금에도 세금이 부과된다고?

들어가며: 소득세법상 과세대상과 소득 구분

어떤 소득에 세금을 매겨야 할지를 두고 오래전부터 두 가지 입장이 있었습니다. 첫 번째는 일정한 원천에서 계속 반복적으로 생기는 소득만 과세해야 한다는 생각(소득원천설)입니다. 두 번째는 일정 기간 동안 늘어난 자산에 그 기간 중에 한 소비를 더한 금액을 소득으로 보아 과세해야 한다는 생각(순자산증가설)입니다.

우리나라는 어떤 입장을 택했을까요? 개인의 소득을 과세대상으로 삼는 소득세법은 소득원천설을, 법인의 소득을 과세대상으로 삼는 법인세법은 순자산증가설을 따르고 있습니다. 물론 법에서 여러 예외를 정하고 있어 엄격한 의미의 소득원천설이나 순자산증가설이라고 보기는 어렵습니다. 다만 적어도 소득세법에 있어 소득원천설의 가장 중요한 원칙은 계속 유지되고 있습니다. 바로 "법에 열거된 소득만 과세대상이다."라는 것이죠.

소득세법은 과세대상 소득으로 이자소득, 배당소득, 사업소득, 근로소득, 연금소득, 기타소득, 양도소득 등을 열거하고 있죠. 소득세법이 열거한 소득에 해당하지 않으면 과세되지 않습니다. 정신적 손해를 이유로 한 위자료가 대표적이죠. 위자료는 소득세법에서 열거한 과세대상 소득 어디에도 해당하지 않습니다. 위자료를 받아 재산이 크게 늘었어도 소득세법상 소득이 없었으므로 소득세가 과세되지 않습니다.

또한 소득세법에서는 어떤 소득이냐에 따라 세금 계산 방법이 크게 달라집니다. 예를 들어, 이자소득이나 배당소득은 받은 금액 전부가 소득으로 간주됩니다. 반면 사업소득은 벌어들인 총수입금액에서 필요경비를 뺀 금액만 소득에 해당합니다. 예를 들어, 평범한 직장인이 은행 이자를 받는다면 그 이자 전부가 이자소득으로 과세되지만, 대부업자가 고객으로부터 받은 이자에 대해서는 여러 경비를 뺀 나머지만 소득에 해당합니다.

다음에 살펴볼 해고합의금의 세금 문제 역시 소득 구분과 관련되어 있습니다. 해고합의금이 소득세법상 어떤 소득에 해당하느냐에 따라 해고근로자가 낼 세금이 크게 달라지기 때문이죠.

해고합의금과 세금

회계 업무를 담당하던 영희는 회사로부터 해고 통보를 받았다. 회사 자금을 횡령했다는 이유였다. 회사는 영희가 관리하던 계좌에서 1억원이 넘는 돈이 사라졌다며 형사고소를 하지 않을 테니 해고를 받아들이라고 했다. 영희는 얼마 전 퇴사한 다른 직원이 횡령을 한 것 같다며 다투었지만, 회사는 받아들이지 않았다. 이에 영희는 노동위원회에 부당해고 구제신청을 했다. 그러자 회사는 직접 횡령을 하지 않았어도 계좌를 관리하지 못한 잘못은 있는 것 아니냐며 "합의금으로 2억원을 받는 대신 해고에 이의를 제기하지 않는다"는 합의를 하자고 설득했다. 영희는 고심 끝에 부당해고 구제신청을 취하했고, 회사는 영희에게 합의금 2억원을 지급했다.

몇 년 뒤 세무서는 영희에게 합의금 2억원이 소득세법상 기타소득 중 사례금에 해당한다며 종합소득세 5,000만원을 납부하라는 과세처분을 했다. 그러자 영희는 위 합의금이 소득세법상기타소득 중 인적용역의 대가이기 때문에 종합소득세로 800만원만 내면 충분하다며 전심절차를 거쳐 조세소송을 제기했다.

해고합의금과 세금

해고를 당한 근로자가 회사를 상대로 해고가 부당하다며 다투다가 합의금을 받고 해고를 받아들이는 사례가 적지 않습니다. 그런데 회사로부터 받은 합의금에 거액의 소득세가 부과될 수 있음을 아는 근로자는 많지 않죠. 회사와 해고를 두고 오랜 다툼 끝에 상당한 합의금을 받았지만, 다시 세무서와 합의금에 부과된 세금을 두고 새로운 다툼을 이어가는 해고근로자도 있습니다. 세무서가 영희에게 과세처분을 한 이유는 무엇일까요?

해고합의금과 사례금

우선 기억해야 할 것은 소득세법에서 과세대상으로 열거한 소득만 소득세의 과세대상이라는 것입니다. 그런데 소득세법은 과세대상인 기타소득으로 여러 소득을 열거하고 있습니다. 사례와 관련된 것은 사례금(제17호)과 인적용역의 대가(제19호 다목)입니다.

소득세법
제21조(기타소득)
① 기타소득은 이자소득·배당소득·사업소득·근로소득·연금소득·퇴직소득 및 양도소득 외의 소득으로서 다음 각 호에서 규정하는 것으로 한다.
17. 사례금
19. 다음 각 목의 어느 하나에 해당하는 인적용역(제15호부터 제17호까지의 규정을 적용받는 요역은 제외한다)을 일시적으로 제공하고 받는 대가
라. 그 밖에 고용관계 없이 수당 또는 이와 유사한 성질의 대가를 받고 제공하는 용역

과세관청은 영희가 받은 해고합의금이 기타소득 중 '사례금'이라
고 보았습니다. 문제는 소득세법령에서 사례금의 구체적인 뜻을 정
의하고 있지 않다는 것입니다. 국어사전을 보면 '사례'의 뜻은 '언행
이나 선물 따위로 상대방에게 고마운 뜻을 나타냄'입니다. 일상생활
에서 사용하는 사례금의 뜻을 생각하면, 영희가 회사로부터 받은
합의금을 사례금이라고 보기는 어렵습니다. 회사가 영희에게 어떤
감사의 의미로 2억원을 지급했다고 볼 수는 없기 때문이죠.

하지만 대법원은 소득세법상 사례금을 "사무처리 또는 역무의 제
공 등과 관련해 사례의 뜻으로 지급되는 금품"이라고 정의하면서
사전적 의미의 사례금보다는 다소 넓게 보고 있습니다.

대법원 2013. 9. 13. 선고 2010두27288 판결

소득세법 제21조 제1항 제17호가 기타소득의 하나로 규정한 '사례금'은 사무
처리 또는 역무의 제공 등과 관련하여 사례의 뜻으로 지급되는 금품을 의미
하고, 여기에 해당하는지는 해당 금품 수수의 동기·목적, 상대방과의 관계,
금액 등을 종합적으로 고려하여 판단하여야 한다.

대법원은 당사자 사이에 법적 의무나 대가관계 없이 감사의 뜻으
로 지급하는 수고비 외에도 분쟁을 종결하면서 향후 상대방에 대하
여 이의를 제기하지 않는 부작위의 대가 역시 소득세법상 사례금에

해당할 수 있다고 보고 있습니다. 현재 법원은 회사가 해고근로자에게 지급한 합의금이 해고가 유효함을 전제로 법률분쟁을 신속하고 원만하게 해결할 수 있도록 협조한 대가라고 판단되면 그 해고합의금을 소득세법상 사례금이라고 보는 경향이 있습니다. 이는 대법원 2018. 7. 20. 선고 2016다17729 판결 등을 고려한 것인데, 주의해야 할 점은 해고합의금의 성격은 사실심 법원의 전권사항인 사실인정의 측면이 강해 개별 사건의 특성에 따라 다른 판단이 나올 수 있다는 점입니다. 이러한 법원 판결 경향을 고려해 세무서는 영희가 받은 합의금이 법률분쟁을 신속하고 원만하게 해결할 수 있도록 협조한 대가로서 사례금이라 보고 영희에게 과세처분을 한 것이죠.

기타소득의 필요경비 계산방법

그런데 영희는 왜 합의금이 사례금이 아니라 인적용역의 대가라고 주장했을까요? 소득세법 제21조 제19호 라목의 인적용역의 대가가 되기 위해서는 영희가 회사에 '고용관계 없이 수당 또는 이와 유사한 성질의 대가를 받고 제공하는 용역'을 일시적으로 제공한 사실이 인정되어야 하는데, 영희가 그러한 용역을 제공했다고 보기는 어려운데 말입니다.

그 이유는 바로 기타소득 산정방법, 그중 필요경비의 계산방법이 다르기 때문입니다. 기타소득의 금액은 해당 과세기간의 총수입금

액에서 필요경비를 공제하여 산정합니다. 그런데 필요경비의 계산
방법에 관해 특별한 규정이 있습니다.

제37조(기타소득의 필요경비 계산)

② 다음 각 호의 경우 외에는 해당 과세기간의 총수입금액에 대응하는 비용으
로서 일반적으로 용인되는 통상적인 것의 합계액을 필요경비에 산입한다.

2. 광업권의 양도대가로 받는 금품의 필요경비 계산 등 대통령령으로 정하는 것

제87조(기타소득의 필요경비계산)

법 제37조 제2항 제2호에서 "광업권의 양도대가로 받는 금품의 필요경비 계
산 등 대통령령으로 정하는 경우"란 다음 각 호의 어느 하나를 말한다.

1의2. 법 … 제19호의 기타소득에 대해서는 거주자가 받은 금액의 100분의
70(2019녀 1월 1일이 속하는 과세기간에 발생한 소득분부터는 100분의 60)
에 상당하는 금액을 필요경비로 한다. 다만, …

기타소득에 있어 필요경비는 원칙적으로 실제 지출한 사실에 관
한 증명이 있어야 인정될 수 있습니다(소득세법 제37조 제2항). 다만
소득세법령에서 별도의 규정을 두고 있으면 예외적으로 증명 없이
도 필요경비가 인정될 수 있는데, 소득세법 시행령 제87조 제1의2
호는 인적용역의 대가에 대해 70%(또는 60%)까지 비용에 대한 증명
이 없어도 필요경비를 인정한다고 정하고 있습니다.

편의상 다른 소득이 없고 소득공제 역시 없다고 가정하면 영희가
받은 합의금이 사례금일 경우 2억원 전액이 과세표준이 되고 세율
이 38%가 됩니다. 반면 인적용역의 대가에 해당하면 아무런 증명이

없어도 1억 4,000만원(= 2억원 x 70%)이 필요경비로 인정되어 6,000만원(= 2억원 － 1억4,000만원)만 과세표준이 되고 세율 역시 24%로 줄어들죠. 영희가 받은 합의금이 사례금인지, 인적용역의 대가인지에 따라 영희의 종합소득세는 4,000만원 이상 달라집니다.

영희가 받은 사례금의 법적 성격은

그렇다면 영희가 받은 합의금은 사례금일까요? 아니면 인적용역의 대가일까요? 법원은 해고근로자가 회사로부터 받은 합의금이 사례금인지를 판단함에 있어 돈을 수수한 동기와 목적, 당사자들의 관계, 액수 등을 종합적으로 고려하여 판단하고 있습니다. 특히 해고가 유효한지를 중요한 판단 요소로 보고 있습니다. 법원은 해고가 유효하다면 회사가 해고근로자에게 지급한 돈은 분쟁의 신속하고 원만한 해결에 대한 사례로 인정하는 경향이 있습니다. 다만 앞에서 강조했듯이 해고합의금의 성격은 사실인정의 측면이 강해 당사자와 소송대리인의 주장·증명의 정도에 따라 결론이 달라질 수 있음을 잊어서는 안 됩니다.

위 사례와 유사한 사건에서 법원은 회사와 영희가 해고가 유효함을 전제로 합의하였다고 볼 수 있고, 해고 이후에 영희가 회사에 인적용역을 제공하였다고 볼 수도 없다는 이유로 영희가 받은 합의금을 사례금으로 판단하여 영희에게 패소판결을 선고하였습니다.

해고화해금의 법적 성격에 둘러싼 회사와 근로자의 분쟁

앞서 본 것처럼 해고합의금의 성격에 따라 근로자가 납부해야 할 세금액이 달라집니다. 그런데 해고합의금의 성격은 단순히 근로자에게만 중요한 것이 아닙니다. 해고합의금을 지급하는 회사에도 중요합니다.

회사는 원천징수의무자로서 상대방에게 일정한 소득을 지급할 때 소득 유형에 따른 원천징수세율을 적용한 소득세를 원천징수한 후 국가에 납부해야 합니다.

문제는 회사 입장에서도 해고합의금의 성격이 근로소득인지, 기타소득인 사례금인지, 아니면 비과세 대상인 위자료인지 알기 어렵다는 것입니다. 특히 소송과정에서 화해권고결정이나 조정 등을 통해 해고합의금이 정해지면, 회사는 곤란한 상황에 놓이게 됩니다.

해고근로자가 회사를 상대로 제기한 해고무효확인소송에서 해고근로자와 회사 사이에 다음과 같은 합의가 성립하였다고 가정해 봅시다.

1. 해고근로자와 회사 사이의 근로계약 관계는 종료되었음을 확인한다.

2. 회사는 해고근로자에게 2025. 8. 1.까지 2억원을 지급한다. 만일 위 지급기일까지 위 금원을 지급하지 않으면 미지급금에 대하여 연 20%의 지연손해금을 더하여 지급한다.

2억원의 해고합의금이 전부 위자료라면 영희가 국가에 납부할 소득세는 없습니다. 그리고 회사 역시 영희에게 2억원을 지급할 때 원천징수할 소득세도 없죠. 회사는 영희에게 2억원을 그대로 지급하면 됩니다.

그런데 2억원이 사례금이라면 어떨까요? 먼저 회사는 영희에게 2억원을 지급할 때 원천징수세율 20%를 적용한 소득세 4,000만원을 원천징수하고 남은 1억 6,000만원만 지급해야 합니다(이해의 편의상 지방소득세는 생략). 그 후 회사는 영희로부터 원천징수한 4,000만원을 국가에 납부해야 합니다.

만약 회사가 원천징수를 하지 않고 그대로 영희에게 2억원을 지급하면 어떤 문제가 생길까요? 회사는 국가에 4,000만원과 그에 대한 가산금을 납부해야 합니다. 그리고 다시 영희에게 민사소송을 제기해 4,000만원의 반환을 구해야 하죠.

만약 회사가 4,000만원을 원천징수한 후 영희에게 1억 6,000만원만 지급했는데, 나중에 2억원 중 일부만 사례금이라고 인정되면 어떻게 될까요? 이해의 편의를 위해 2억원 전부가 비과세 소득인 위자료라고 가정해봅시다. 위자료는 원천징수대상이 아니므로 회사는 영희에게 2억원 전부를 지급해야 합니다. 그런데 실수로 4,000만원을 국가에 납부하고, 영희에게는 1억 6,000만원만 지급한 것이죠. 회사는 합의에서 지연손해금, 즉 미지급한 4,000만원에 대해 2025. 8. 2.부터 다 갚는 날까지 연 20%의 비율에 의한 지연손해금을 더 지급해야 합니다. 그리고 국가를 상대로 잘못 납부한 4,000만원을 돌려달라는 법적 절차를 진행해야 하죠.

문제는 근로자뿐 아니라 회사도 2억원의 법적 성격을 명확히 알기 어렵다는 것입니다. 2억원 중 1억원은 사례금, 나머지 1억원은 위자료로 인정될 수도 있습니다. 심지어 2억원 중 일부는 근로소득이나 퇴직소득의 성격이 있을 수도 있습니다. 그 때에는 원천징수세율이 또 달라지게 되죠.

현재 다수의 하급심 법원은 해고합의금에 위자료 성격의 금원이 포함되어 있다고 보이면 해고합의금 중 사례금의 성격을 갖는 금액이 얼마인지를 특정하여 회사의 일부 승소판결을 선고하기보다 회사가 정당한 원천징수세액을 증명하지 못하였다는 이유로 회사의 전부 패소판결을 선고하고 있습니다. 화해금이 사례금이라는 하나의 소득으로 구분할 수 있다는 점이 과세관청에 의해 증명되지 않았다면 화해금 전부를 사례금으로 보아 과세할 수 없다는 대법원 2015. 1. 15. 선고 2013두3818 판결 등을 고려한 것으로 보입니다.

하지만 납세자와 과세관청 사이의 증명책임에 관한 위 판례 법리를 근로자와 회사 사이의 민사소송에 적용하는 것은 회사에 가혹한 측면이 있습니다. 향후 판례의 추이에 주목할 필요가 있습니다.

3장
임직원에게 지급한 스톡옵션을 비용처리할 수 있을까?

들어가며: 스톡옵션(주식매수선택권)이란

스톡옵션(Stock Option), 즉 주식매수선택권은 회사가 임직원이나 회사 성장에 기여한 사람에게 주는 특별한 보상 제도입니다. 미리 정한 가격(행사가격)으로 신주를 인수하거나 자기의 주식을 매수할 수 있는 권리 혹은 주식의 시가와 행사가격의 차액을 청구할 수 있는 권리를 주는 방식입니다. 쉽게 말해 "회사가 성장하면 주가가 오를 거야. 싼값에 주식을 살 권리를 줄테니, 나중에 회사가 성장하면 너도 주식으로 돈을 벌자!"는 개념이죠.

주식매수선택권과 세금 문제를 이해하려면 부여 시점, 행사 시점, 양도 시점을 구분해야 합니다. 아래 그림과 함께 볼까요?

부여 시점이란 계약을 통하여 임직원에게 주식매수선택권을 부여한 시점으로 행사가격이 결정되는 시점입니다. 행사 시점이란 주식매수선택권을 부여받은 임직권이 주식매수선택권을 행사하여 행사이익(= 행사일 시가 − 행사가격)을 얻는 시점이죠. 양도 시점은 주식매수선택권 행사를 통해 취득한 주식을 나중에 시장에 매각하여 양도이익(= 매도일 시가 − 행사일 시가)을 얻는 시점입니다.

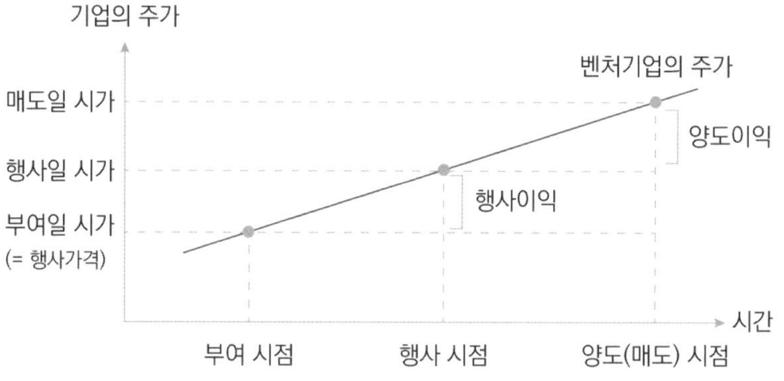

■ **주식매수선택권 시점별 이익**

임직원이 주식매수선택권과 관련하여 얻는 이익은 행사이익과 양도이익이 있습니다. 양도이익은 다른 주식 거래와 마찬가지로 양도소득으로 취급됩니다. 행사이익은 조금 복잡합니다. 현행법상 행사 시점에 임직원이 회사에 계속 고용된 상태라면 근로소득, 그렇지 않다면 기타소득으로 구분해 과세됩니다. 즉 행사이익을 '주식 투자로 번 돈'과 달리 취급하는 것이죠.

임직원이 행사이익을 얻었다면 회사 입장에서는 그만큼의 비용이 발생했다고 볼 수 있을까요? 다시 말해 임직원이 얻은 행사이익을 법인세를 계산할 때 손금(비용)으로 인정할 수 있느냐는 문제입니다. 이 문제는 법인세법령과 관련되어 있습니다. 다음 글에서 구체적으로 다루겠습니다.

주식매수선택권 행사와 세금

주식회사 중소전자는 발행주식 총수가 1,000주인 벤처기업이다. 중소전자는 핵심 인재인 김과장에게 중소전자의 액면가 1만원인 주식 200주를 3년 후 2만원에 매수할 수 있는 주식매수선택권(이 사건 스톡옵션)을 부여하였다. 3년 후 김과장은 재직 중 이 사건 스톡옵션을 행사하였는데, 행사 당시 중소전자 주식의 시가는 5만원이었다.

중소전자는 김과장이 이 사건 스톡옵션으로 얻은 이익 600만원[= (5만원 − 2만원) × 200주]이 실질적으로 김과장에게 지급한 인건비에 해당한다고 보아 법인세를 신고할 때 전액 비용으로 처리했다(손금 산입). 하지만 과세관청은 김과장이 얻은 이익 중 300만원[= (5만원 − 2만원) × 100주]만 비용으로 인정된다며 나머지 300만원을 손금불산입하고 법인세를 추가로 부과했다.

스톡옵션이란

앞서 본 것처럼 스톡옵션, 즉 주식매수선택권이란 회사의 경영과 기술혁신 등에 기여하거나 기여할 수 있는 회사의 임직원에게 미리 정한 금액으로 신주 등을 인수할 수 있는 권리를 의미합니다. 현금 여력이 부족한 벤처기업이 인재를 확보하기 위한 수단으로 자주 활용하죠. 우수 인재에게 주식을 저렴하게 살 수 있는 기회를 제공함으로써 인건비 부담을 줄이고 회사에서 충실히 근무할 동기를 부여하는 것이죠.

주식매수선택권을 행사한 임직원의 세금은?

주식매수선택권을 행사한 임직원은 어떤 세금을 낼까요? 주식매수선택권을 받을 때는 세금을 내지 않습니다. 대신 임직원이 재직 중에 주식매수선택권을 행사하면, 행사하여 얻은 이익(주식매수선택권 행사 당시의 시가와 실제 매수가액과의 차액)을 근로소득으로 보아 소득세가 과세됩니다.

소득세법 시행령

제38조(근로소득의 범위)

① … 근로소득에는 다음 각 호의 소득이 포함되는 것으로 한다.

17. 법인의 임원 또는 종업원이 해당 법인 …으로부터 부여받은 주식매수선택권을 해당 법인등에서 근무하는 기간 중 행사함으로써 얻은 이익(주식매수선택권 행사 당시의 시가와 실제 매수가액과의 차액을 말하며, 주식에는 신주인수권을 포함한다)

반면 회사를 퇴사한 후 주식매수선택권을 행사하면 기타소득으로 과세됩니다.

한편 임직원이 주식매수선택권으로 취득한 주식을 양도하면 양도소득세가 부과되는데, 이때 취득가액은 주식매수선택권을 행사할 당시의 시가입니다. 이해를 위해 김과장의 근로소득세율이 30%, 양도소득세율이 10%라고 가정해 봅시다. 김과장은 주식매수선택권을 부여받을 때 세금을 내지 않습니다. 대신 600만원의 행사차익에 대해서는 근로소득으로서 소득세 180만원(= 600만원 × 30%)을 내야합니다. 이후 중소전자 주식을 10만원에 양도하면, 양도차익 1,000만원[= (10만원 - 5만원) × 200주]에 대해 양도소득세 100만원(= 1,000만원 × 10%)을 내야하죠.

벤처기업의 임직원에 대한 세금 특례

다만 이처럼 행사차익을 근로소득으로 보아 소득세를 과세하는 제도는 벤처기업 임직원에게 큰 부담이 될 수 있습니다. 벤처기업의 주식은 상장주식과 달리 유동성이 낮아 매각이 어렵습니다. 김과장이 스톡옵션을 행사하면, 김과장의 장부상 재산은 늘어납니다. 그러나 현금이 생기지는 않죠. 현금은 주식을 팔아야 얻을 수 있습니다. 스톡옵션을 행사한 때 그 행사이익에 대한 세금을 현금으로 내라고 하면 김과장은 큰 부담을 느낄 수 있습니다. 더욱이 경영부진으로 주식의 가치가 하락하거나 중소전자가 폐업하게 되면, 김과장은 손해만 보게 됩니다. 이는 벤처기업의 인재 확보 수단으로서 주식매수선택권의 실효성을 낮춥니다.

때문에 조세특례제한법은 일정한 요건을 충족한 경우에 벤처기업의 임직원에게 여러 혜택을 부여하고 있습니다. 우선 벤처기업별 총 누적금액 5억원, 임직원별 연간 2억원 한도 내에서 주식매수선택권 행사이익에 대한 비과세혜택을 인정하고 있습니다(제16조의2). 또한 행사시점에 행사이익을 근로소득으로 부담하지 않고 취득한 주식을 매각하여 양도차익을 실현할 때 양도소득세만 부담할 수도 있습니다(제16조의4).

조세특례제한법

제16조의2(벤처기업 주식매수선택권 행사이익 비과세)

① 벤처기업 …의 임원 또는 종업원(…)이 해당 벤처기업으로부터 2027년 12월 31일 이전에 부여받은 주식매수선태구건을 행사(벤처기업 임원 등으로서 부여받은 주식매수선택권을 퇴직 후 행사하는 경우를 포함한다)함으로써 얻은 이익(주식매수선택권 행사 당시의 시가와 실제 매수가액과의 차액을 말하며 …) 중 연간 2억원 이내의 금액에 대해서는 소득세를 과세하지 아니한다. 다만, 소득세를 과세하지 아니하는 벤처기업 주식매수선택권 행사이익의 벤처기업별 총 누적 금액은 5억원을 초과하지 못한다.

제16조의4(벤처기업 주식매수선택권 행사시익에 대한 과세특례)

① 벤처기업 …의 임원 또는 종업원으로서 대통령으로 정하는 자(…)가 2027년 12월 13일 이전에 해당 벤처기업으로부터 부여받은 주식매수선택권으로서 다음 각 호의 요건을 갖춘 주식 매수선택권(…)을 행사함으로써 발생한 벤처기업 주식매수선택권 행사이익에 대해서 벤처기업 임직원이 제2항을 적용받을 것을 … 신청한 경우에는 … 주식매수선택권 행사시에 소즉세를 과세하지 아니할 수 있다. 다만, …

1. 2. (생략)

② 적격주식매수선택권 행사시 제1항 각 호 외의 부분 본문에 따라 소득세를 과세하지 아니한 경우 적격주식매수선택권 행사에 따라 취득한 주식(…)을 양도하여 발생하는 소득(…)에 대해서는 … 양도소득세를 과세한다.

위 사례에서 중소전자의 임직원이 행사한 주식매수선택권의 행사이익이 총 5억원에 이르지 않았다면, 김과장은 주식매수선택권 행사이익에 대해 근로소득세를 내지 않을 수 있습니다. 설사 근로소득세 과세대상에 해당하더라도 김과장은 주식매수선택권 행사시점에 근로소득세를 내지 않고, 대신 주식 양도시점에 양도소득세만 낼 수도 있습니다.

신주발행형 주식매수선택권과 법인세

임직원이 주식매수선택권을 행사해서 얻는 이익은 원칙적으로 근로소득에 해당합니다. 그렇다면 그에 상응하여 회사는 임직원에게 인건비를 지급한 것으로 보아 그 행사차액 상당을 비용으로 처리할 수 있어야 하지 않을까요?

　법인세법의 기본원칙 중 하나는 자본거래로 인한 법인 순자산 증감은 법인세 과세대상이 아니라는 것입니다. 예컨대 법인세법 제20조는 '주식할인발행차금'은 손금에 산입하지 않는다고 명시하고 있습니다.

　주식할인발행차금은 주식회사가 주식을 액면가액 미만으로 발행하는 경우에 주식의 액면가액과 발행가액 사이의 차액을 의미합니다. 그 차액은 출자로 인해 실제로 증가하는 법인의 순자산가액이 발행 주식의 액면가에 따라 계산한 순자산증가액보다 적다는 의미이지 법인의 순자산이 감소하는 것이 아닙니다. 주식회사가 나중에 그 할인발행된 주식을 소유하는 주주에게 반환할 의무를 지는 것도 아니므로 손금에 계상하지 않는 것이죠.

　그렇다면 주식을 액면가보다는 높게, 그렇지만 시가보다 낮게 발행하는 경우는 어떨까요? 경제적 관점에서 보면 신주의 저가발행의 경우 주식의 발행가액과 시가와의 차액만큼 신주주에게 경제적 이익이, 기존주주에게 그에 상응하는 경제적 손실이 발생합니다. 반대로 신주의 고가발행의 경우에는 주식의 발행가액과 시가의 차액만큼 신주주에게 경제적 손실이, 기존주주에게 그에 상응하는 경제적 이익이 발생합니다. 이러한 신주를 시가보다 높게 또는 낮게 발행하는 것은 주주 사이의 문제로 법인세법상 법인의 손익과 관련이 없습니다. 신주주와 구주주 사이에 경제적 이익을 교환하는 것에 불과하다는 것이죠.

이러한 관점에서 대법원은 임직원이 사례처럼 신주발행형 주식매수선택권을 행사하였다면 인수가액의 납입으로 법인의 자본이 증가할 뿐 순자산이 감소하지 않는다는 이유 등에서 행사차액(= 주식의 시가 – 신주인수권 행사가액)을 인건비로 볼 수 없고, 그 행사차액을 손금으로 본다는 특별 규정이 없다면 손금으로 볼 수 없다고 판단하였습니다(대법원 2023. 10. 12. 선고 2023두45736 판결).

행사차액을 손금으로 본다는 특별 규정이 있을까요? 바로 법인세법 시행령 제19조 제19의2항은 주식매수선택권에 따른 행사차액과 관련하여 발행주식총수의 10% 범위에서만 손금을 인정한다고 정하고 있습니다.

법인세법 시행령
제19조(손비의 범위)
법 제19조 제1항에 따른 손실 또는 비용은 법 및 이 영에서 달리 정하는 것을 제외하고는 다음 각 호의 것을 포함한다.
19의2. 「상법」 제340조의2, …에 따른 주식매수선택권(…), …이나 금전을 부여받거나 지급받은 자에 대한 다음 각 목의 금액. 다만, 해당 법인의 발행주식총수의 100분의 10 범위에서 부여하거나 지급한 경우로 한정한다.

가. 주식매수선택권 …을 부여받은 경우로서 다음의 어느 하나에 해당하는 경우 해당 금액

1) 약정된 주식매수시기에 약정된 주식의 매수가액과 시가의 차액을 금전 또는 해당 법인의 주식으로 지급하는 경우의 해당 금액

2) 약정된 주식매수시기에 주식매수선택권 … 행사에 따라 주식을 시가보다 낮게 발행하는 경우 그 주식의 실제 매수가액과 시가의 차액

나. 주식기준보상으로 금전을 지급하는 경우 해당 금액

따라서 과세관청의 주장과 같이 발행주식총수의 10%인 100주(= 1,000주 ×10%)의 한도에서만 비용, 즉 손금으로 인정될 수 있습니다.

저가 신주발행에 대한 민법·형법과 법인세법의 차이

앞서 본 것처럼 주식을 액면가 또는 시가보다 낮게 발행하는 것은 법인의 손익과 관계가 없어 법인세법상 손금으로 인정되지 않습니다. 하지만 이러한 신주의 저가발행에 대해 대법원은 민법이나 형법 측면과 법인세법 측면을 다르게 보고 있습니다. 전환사채의 저가발행을 주도한 이사에 대하여 회사에 대한 업무상 배임죄가 성립되는지 문제된 에버랜드 전환사채 발행사건을 보면 잘 알 수 있습니다.

이 사건에서 가장 주된 쟁점은 신주 등의 저가발행이 있을 때 과연 회사가 주식의 시가와 발행가격의 차이만큼 '손해'를 입었는지 여부였습니다. 이 쟁점에 대해 종래 세 가지 주장이 있었습니다.

먼저 주주배정방식과 제3자배정방식을 구분하여, 기존 주주에 대한 저가발행은 회사의 손해를 발생시키지 않지만, 제3자에 대한 저가발행은 회사에 손해를 입힌다는 견해가 있었습니다. 다음으로 주주배정방식과 제3자배정방식의 구분 없이 언제나 회사의 손해를 인정할 수 없다는 견해가 있습니다. 이 견해는 전환가격이 얼마이든 전액 회사의 자본과 자본준비금을 구성하고, 이러한 자본은 주주의 몫이지 회사의 손익과 관련이 없어 회사의 손해와 무관하다는 것이죠. 마지막으로 주주배정방식과 제3자배정방식 모두 회사의 손해를 인정해야 한다는 견해가 있습니다. 이 견해는 '손해'란 법률적 관점에서의 규범적 평가인데, 제3자배정의 경우에만 회사에 손해가 발생한다고 이론구성하는 것은 법인격을 가진 회사와 주주를 구분하지 못한 논리의 혼동이라고 주장했죠.

이에 대해 대법원은 기존 주주에 대한 저가발행은 회사의 손해가 아니지만, 제3자에 대한 저가발행은 회사의 손해에 해당한다고 판단하였습니다.

대법원 2009. 5. 29. 선고 2007도4949 전원합의체 판결 ————

… 회사가 주주 배정의 … 방법으로 신주 등을 발행하는 경우에는 발행가액 등을 반드시 시가에 의하여야 하는 것은 아니다. 따라서, … 시가보다 낮게 발행가액 등을 정함으로써 주주들로부터 가능한 최대한의 자금을 유치하지 못하였다고 하여 배임죄의 구성요건인 임무위배, 즉 회사의 재산보호의무를 위반하였다고 볼 것은 아니다.

그러나 주주배정의 방법이 아니라 제3자에게 인수권을 부여하는 제3자 배정 방법의 경우, 제3자는 신주 등을 인수함으로써 회사의 지분을 새로 취득하게 되므로 그 제3자와 회사와의 관계를 주주의 경우와 동일하게 볼 수는 없다. **제3자에게 시가보다 현저하게 낮은 가액으로 신주 등을 발행하는 경우에는** 시가를 적정하게 반영하여 발행조건을 정하거나 또는 주식의 실질가액을 고려한 적정한 가격에 의하여 발행하는 경우와 비교하여 그 차이에 상당한 만큼 회사의 자산을 증가시키지 못하게 되는 결과가 발생하는데, 이 경우에는 회사법상 공정한 발행가액과 실제 발행가액과의 차액에 발행주식수를 곱하여 산출된 액수만큼 회사가 손해를 입은 것으로 보아야 한다.

신주의 저가발행과 관련하여 유의할 점은 법인세법상으로는 신주를 주주에게 배정하나 제3자에게 배정하나 저가발행이 회사의 비용(손금)으로 평가되지 않습니다. 하지만 민법 또는 형법적으로는 제3자에게 신주를 저가로 발행하면 회사에 손해가 발생했다고 평가될 수 있고, 그에 관여한 이사는 회사에 대해 손해배상책임을 부담하거나 배임죄로 처벌될 수 있다는 것입니다.

4장
재건축조합 임원이 뇌물을 추징 당하면
세금은 어떻게 될까?

들어가며: 위법소득과 소득세

소득세법은 거주자의 각 과세기간 총수입금액의 귀속연도를 총수입금액이 확정된 날이 속하는 과세기간으로 한다고 정하고 있습니다. 즉, 소득의 귀속시기를 소득이 실현된 때가 아니라 권리가 발생한 때를 기준으로 한다는 뜻입니다. 예를 들어, 회사가 잉여금의 처분에 의한 배당결의를 했지만 주주에게 배당금을 실제로 지급하지 않았더라도, 그 주주는 배당결의일에 배당소득을 얻은 것으로 간주됩니다.

이러한 권리확정주의 관점에서 보면, 절도, 횡령 등 범죄행위로 얻은 위법소득을 과세대상 소득으로 볼 수 있는지 의문이 생깁니다. 법적으로 절도나 횡령을 저지른 사람은 피해자에게 그 이익을 부당이득으로 반환하거나 그 상당액을 손해배상으로 지급할 의무가 있습니다. 즉, 위법소득은 본질적으로 '소득이 발생할 권리'가 없는 자가 사실상 지배하는 이득에 불과합니다.

그렇다고 과세를 하지 않으면 문제가 발생합니다. 위법소득을 얻은 사람이 현실적으로 그 이익을 지배·관리하고 있음에도, 단순히 법적 권리가 없다는 이유로 과세하지 않는다면 이는 정상적인 소득을 올린 사람보다 범죄자를 오히려 유리하게 대우하는 결과가 됩니다. 이러한 점을 고려해 대법원은 위법소득이라 하더라도 과세대상에 포함될 수 있다고 보았고, 이에 대한 사회적 공감대도 형성되어 있습니다. 다시 말해, 소득 자체나 소득을 얻는 과정이 위법하더라도, 경제적 이익이 현실적으로 발생했고 그것이 소득세법이 정한 과세대상에 해당한다면, 소득세 납세의무가 성립합니다.

문제는 위법소득이 나중에 반환되는 경우입니다. 반환이 현실화되면, 이미 성립한 납세의무를 어떻게 처리할 것인지를 두고 다양한 논의가 있습니다. 이에 대해서는 다음 글에서 자세히 살펴보겠습니다.

범죄 수익과 세금

재건축조합 조합장인 철수는 재건축아파트 관리업체로부터 관리업체 선정 대가로 1억원을 받았다. 몇 년 뒤 언론보도를 통해 철수가 관리업체로부터 뇌물을 받았다는 사실이 밝혀졌다. 세무서장은 철수가 1억원의 소득을 얻었다는 이유로 철수에게 종합소득세 약 5,000만원을 부과했고, 철수는 그 종합소득세를 모두 납부했다. 곧이어 철수는 1억 원의 뇌물을 받았다는 범죄사실로 징역 1년, 추징 1억원의 유죄판결을 받았고, 그 판결은 확정되었다. 철수는 유죄판결에 따라 추징금 1억원을 납부한 후 세무서장을 상대로 범죄행위로 얻은 소득을 모두 상실하였다며 과거 납부한 종합소득세 5,000만원을 돌려달라고 청구했다.

범죄수익과 소득세

절도, 횡령, 뇌물수수 등 범죄로 얻은 이익에 대해 세금이 부과될까요? 앞서 본 것처럼 일반적으로 소득세 과세대상이 될 수 있다고 보고 있습니다. 대법원 역시 범죄행위로 얻은 소득도 과세대상이 될 수 있다고 보고 있다. 과세소득은 경제적 측면에서 보아 현실로 이득을 지배·관리하면서 이를 향수하고 있으면 충분하다는 것이죠.

… 소득세법은 개인의 소득이라는 경제적 현상에 착안하여 담세력이 있다고 보여지는 것에 과세하려는데 그 근본취지가 있다 할 것이므로 과세소득은 이를 경제적 측면에서 보아 현실로 이득을 지배 관리하면서 이를 향수하고 있어 담세력이 있는 것으로 판단되면 족하고 그 소득을 얻게된 원인관계에 대한 법률적 평가가 반드시 적법하고 유효한 것이어야 하는 것은 아니라 할 것이다.

주의할 점이 있습니다. 이 책에서 여러 번 강조하는 것이지만 소득세는 법인세와 달리 소득세법에서 과세대상으로 정한 소득에 해당해야 부과될 수 있습니다. 범죄소득이라는 이유만으로 과세대상에서 제외되지는 않지만, 적어도 소득세법이 그 범죄소득을 과세대상으로 정해 두어야 합니다. 철수가 남의 물건을 훔쳤다고 가정하여 봅시다. 소득세법은 절도행위로 얻은 소득을 과세대상으로 정하고 있지 않습니다. 철수가 절도행위로 얻은 이익을 현실적으로 지배·관리하고 있어도 철수에게 절도행위를 이유로 한 소득세가 부과되지는 않습니다다.

뇌물과 소득세

세무서장이 뇌물을 받은 철수에게 종합소득세를 부과한 이유는 무엇일까요? 재건축사업 등 정비사업을 위한 조합의 임원은 뇌물죄 등의 적용에 있어 공무원으로 취급됩니다(도시 및 주거환경정비법 제134조). 그리고 소득세법 제21조는 뇌물 등을 과세대상인 기타소득으로 명시하고 있습니다.

소득세법

제21조(기타소득)

① 기타소득은 … 외의 소득으로서 다음 각 호에서 규정하는 것으로 한다.

23. 뇌물

24. 알선수재 및 배임수재에 의하여 받는 금품

재건축조합의 조합장인 철수는 뇌물죄 적용에 있어 공무원으로 간주되기 때문에 그 직무와 관련하여 받은 돈은 소득세법상 과세대상인 뇌물에 해당합니다. 철수가 2020년 5월에 뇌물 1억원을 받았다면, 철수는 2020년 과세기간 중 기타소득 1억원을 얻었다고 인정되어 그에 대한 소득세를 납부해야 하는 것이죠.

뇌물 추징과 소득세 납세의무

사례와 같이 철수가 법원으로부터 유죄판결을 받아 1억원을 모두 추징당한 경우에도 소득세를 납부해야 할까요? 철수가 뇌물을 받은 때로부터 약 3년 후인 2023년 5월에 뇌물을 추징당했다고 가정하여 봅시다. 철수는 뇌물로 얻은 이익을 잃었습니다. 하지만 철수의 2020년 소득세 납세의무는 유죄판결이 선고되기 전에 이미 성립되

었죠. 그렇다면 철수는 나중에 범죄행위로 얻은 이익을 박탈당했다
는 이유로 예전에 성립한 소득세 납세의무를 면할 수 있을까요?

　과거 대법원은 범죄행위로 인한 위법소득에 대하여 형사사건에
서 추징판결이 확정되어 집행된 경우에도 소득세법상 과세대상이
된다고 보았습니다. 그 대법원 판결에 의하면, 철수는 납부한 종합
소득세 5,000만원을 돌려받을 수 없습니다.

　하지만 대법원은 2015년 전원합의체 판결을 통해 뇌물 등의 범죄
에서 물수나 추징이 이루어졌다면 후발적 경정청구를 통해 과거
성립하였던 납세의무에서 벗어날 수 있다고 견해를 변경했습니다.

대법원 2015. 7. 16. 선고 2014두5514 전원합의체 판결 ────────

… 형법상 뇌물, 알선수재, 배임수재 등의 … 위법소득에 대하여 몰수나 추징
이 이루어졌다면 이는 그 위법소득에 내재되어 있던 경제적 이익의 상실가능
성이 현실화된 경우에 해당한다고 보아야 한다. … 즉, **위법소득의 지배·관
리**라는 과세요건이 **충족됨으로써** 일단 납세의무가 성립하였다고 하더라도
그 후 몰수나 추징과 같은 위법소득에 내재되어 있던 경제적 이익의 상실가
능성이 현실화되는 후발적 사유가 발생하여 소득이 실현되지 아니하는 것으
로 확정됨으로써 당초 성립하였던 납세의무가 그 전제를 잃게 되었다면, 특
별한 사정이 없는 한 납세자는 국세기본법 제45조의2 제2항 등이 규정한 후
발적 경정청구를 하여 그 납세의무의 부담에서 **벗어날 수 있다고** 보아야 한
다. 그리고 이러한 후발적 경정청구사유가 존재함에도 과세관청이 당초에 위
법소득에 관한 납세의무가 성립하였던 적이 있음을 이유로 과세처분을 하였

다면 이러한 과세처분은 위법하므로 납세자는 항고소송을 통해 그 취소를 구할 수 있다고 할 것이다.

대법원은 위법소득의 지배·관리라는 과세요건이 충족됨으로써 일단 납세의무가 성립하였다고 하더라도 그 후 몰수나 추징과 같은 위법소득에 내재되어 있던 경제적 이익의 상실가능성이 현실화되는 후발적 사유가 발생하여 소득이 실현되지 아니하는 것으로 확정되었다면, 납세자는 납세의무에서 벗어날 수 있다는 것이죠. 철수는 후발적 경정청구를 통해 과거 납부한 종합소득세 5,000만원을 돌려받을 수 있습니다.

횡령금의 반환과 소득세 납세의무에 관한 판례

　　회사의 대표이사가 횡령을 통해 얻은 범죄 소득을 나중에 피해자인 회사에게 반환한 경우에 대해 살펴봅시다.

　　먼저 대표이사가 횡령을 통해 얻은 범죄소득은 소득세 과세대상에 해당할까요? 법인세법령은 과세관청이 과세표준을 경정함에 있어 익금에 산입한 금액이나 손금에 불산입한 금액은 회사 밖으로 유출되었는지를 기준으로 회사에 유출되지 않으면 '사내유보'로, 회사 밖으로 유출되었으면 그 귀속자에 따라 '배당'(주주), '상여'(임원 또는 사용인) 등으로 처분하도록 정하고 있습니다. 그리고 소득세법은 법인세법에 의하여 상여로 처분된 금액을 근로소득으로 정하고 있습니다.

법인세법

제67조(소득처분)

다음 각 호의 법인세 과세표준의 신고·결정 또는 경정이 있는 때 익금에 산입하거나 손금에 산입하지 아니한 금액은 그 귀속자 등에게 상여·배당·기타사외유출·사내유보 등 대통령령으로 정하는 바에 따라 처분한다.

2. 제66조 또는 제69조에 따른 결정 또는 경정

즉 현행법상 대표이사의 횡령을 이유로 한 소득처분이 있다면, 회사의 대표이사가 취득한 횡령금이 소득세법상 근로소득으로서 과세대상이 될 수 있음은 분명합니다. 대표이사가 횡령을 저지르고 몇 년 후 피해자인 회사에게 횡령금을 반환하면, 대표이사는 이미 성립한 납세의무를 면할 수 있을까요?

이는 앞서 본 대법원 2015 7. 16. 선고 2014두5514 전원합의체 판결과 관련됩니다. 대표이사가 회사에 대해 부당이득반환채무 또는 손해배상채무를 부담하거나 일정한 경우 횡령금이 몰수 또는 추징의 대상이 될 수 있다는 점 등을 이유로 횡령금에 내재된 경제적 이익의 상실가능성을 인정할 수 있는지, 대표이사가 회사에 횡령액 상당을 반환한 것을 두고 경제적 이익의 상실가능성이 현실화되었다고 볼 수 있는지 문제되는 것이죠.

이에 대해 최근 대법원은 법인의 실실적 경영사가 가담하어 사외유출한 횡령금의 경우, 그 귀속자가 소득처분 후에 형사재판에 이르러 해당 횡령금 상당액을 피해법인에 지급하였어도 이는 특별한 사정이 없는 한 후발적 경정청구사유에 해당하지 않는다고 판단하였습니다(대법원 2024. 6. 17. 선고 2021두35346 판결). 법인의 실질적 경영자가 가담하여 사외유출한 횡령금의 경우에는 피해법인이 자발적으로 그 반환을 구할 가능성을 상정하기 어려우므로, 그 소득에 경제적 이익의 상실가능성이 내재되어 있다고 단정할 수 없다는 것이죠. 또한 형사재판에서 피해법인에 횡령금 상당액을 지급하는 것은 양형상 이익을 얻기 위한 행위이므로 이를 두고 경제적 이익의 상실가능성이 현실화되었다고 볼 수 없다고 보았습니다. 다만 위 대법원 판결은 실질적 경영자가 횡령으로 기소되어 형사재판 중에 횡령금을 반환한 사건에 관한 것입니다. 실질적 경영자가 기소되기 전이나 유죄판결이 확정된 후에 횡령금을 반환한 경우에 대해서는 아직 명확한 대법원 판단이 없습니다.

범죄수익을 반환하면, 이미 성립한 소득세 납세의무를 면할 수 있을까요? 아직까지는 그때그때 다르다고 말할 수밖에 없습니다. 후속 판결에 주목해야 하는 이유이죠.

5장
회사가 부동산을 샀는데 주주가 또 취득세를 낸다고?

들어가며: 지방세법상 과점주주의 특별한 납세의무

지방세기본법과 지방세법은 비상장법인의 과점주주(사실상 회사를 지배하는 주주 집단)에게 특별한 납세의무를 지우고 있습니다.

첫째, 회사가 지방세를 내지 못하면 과점주주는 자신의 지분 비율만큼 대신 세금을 내야 합니다. 이를 "출자자의 제2차 납세의무"라고 합니다.

지방세기본법

제46조(출자자의 제2차 납세의무)

법인(주식을 … 증권시장에 상장한 법인은 제외한다)의 재산으로 그 법인에 부과되거나 그 법인이 납부할 지방자치단체의 징수금에 충당하여도 부족한 경우에는 … 다음 각 호의 어느 하나에 해당하는 자는 그 부족액에 대하여 제2차 납세의무를 진다. …

2. 주주 또는 유한책임사원 1명과 그의 특수관계인 중 대통령령으로 정하는 자로서 그들의 소유주식의 합계 또는 출자액의 합계가 해당 법인의 발행주식 총수 또는 출자총액의 100분의 50을 초과하면서 그에 관한 권리를 실질적으로 행사하는 자들(이하 "과점주주"라 한다)

둘째, 과점주주는 간주취득세라는 세금을 부담합니다. 회사가 부동산·차량·기계와 같은 취득세 과세대상 물건에 대해 과점주주가 그 지분비율만큼 직접 취득한 것으로 보아 과점주주가 추가로 취득세를 내야하는 것이죠.

지방세법

제7조(납세의무자 등)

⑤ 법인의 주식 또는 지분을 취득함으로써 「지방세기본법」 제46조 제2호에 따른 과점주주 중 대통령령으로 정하는 과점주주(이하 "과점주주"라 한다)가 되었을 때에는 그 과점주주가 해당 법인의 부동산등(…)을 취득(법인설립 시에 발행하는 주식 또는 지분을 취득함으로써 과점주주가 된 경우에는 취득으로 보지 아니한다)한 것으로 본다. …

문제는 회사가 이미 취득세를 납부했는데, 과점주주가 주식을 취득할 때 또다시 취득세를 납부해야 한다는 점에서 이중과세라는 등의 비판이 꾸준히 제기되고 있고, 지금도 여러 논란이 있습니다.

논란이 많은 과점주주의 간주취득세는 과연 무엇일까요? 다음 글에서 함께 살펴봅시다.

과점주주와 간주취득세

A는 친구 B와 함께 출판회사를 설립하고, 각자 50%의 비율로 주식을 취득했다. 사업은 크게 성공했고, 회사는 수십억원에 이르는 사옥을 매수했다. 얼마 후 B는 새로운 사업을 하고 싶다며 A에게 자신의 주식을 매수할 것을 요청했다. A는 고심 끝에 B의 주식을 매수하기로 했다. 다만 세무사로부터 A는 과점주주가 되면 회사 소유의 모든 부동산에 대해 회사가 냈던 취득세와 별도로 취득세를 또 납부해야 한다는 이야기를 듣고 친구인 C 명의로 주식을 취득했다.

하지만 직원의 제보로 A가 C 명의로 회사 주식을 취득한 사실이 과세관청 등에 알려졌고, 결국 A는 명의신탁 증여의제를 이유로 한 증여세와 과점주주를 이유로 한 간주취득세를 부과받았다.

과점주주 간주취득세란

주식의 명의신탁은 여러 법적 리스크를 발생시킵니다. 명의신탁자가 명의수탁자에게 주식을 증여한 것으로 의제되어 명의신탁자에게 증여세가 부과될 수 있습니다(상증세법 제45조의2). 조세 회피의 목적에서 명의신탁을 한 경우에는 조세포탈죄로 처벌받을 수 있죠. 명의수탁자가 해당 주식이 자신의 소유라고 주장하여 경영권 분쟁이 발생하기도 합니다. 그럼에도 우리나라에서는 주주가 다른 사람 이름으로 주식을 취득하는 경우가 적지 않습니다. 법적 리스크를 감수하고 명의신탁을 하는 이유는 많지만, 과점주주 간주취득세라는 독특한 세금이 그 이유 중 하나입니다.

과점주주 간주취득세는 비상장법인의 주식을 취득하여 과점주주(주주 1인과 특별관계인의 발행주식 총수 합계가 50%를 초과하는 경우)가 되면, 과점주주가 그 법인의 부동산 등을 취득한 것으로 보아 취득세를 과세하는 제도입니다.

지방세법

제7조(납세의무자 등)

⑤ 법인의 주식 또는 지분을 취득함으로써 「지방세기본법」 제46조 제2호에 따른 과점주주 중 대통령령으로 정하는 과점주주(이하 "과점주주"라 한다)가 되었을 때에는 그 과점주주가 해당 법인의 부동산등(…)을 취득(법인설립 시에 발행하는 주식 또는 지분을 취득함으로써 과점주주가 된 경우에는 취득으로 보지 아니한다)한 것으로 본다. 이 경우 과점주주의 연대납세의무에 관하여는 「지방세기본법」 제44조를 준용한다.

과점주주 간주취득세는 법인이 취득세를 부담한 것과는 별도로 과점주주에게 다시 취득세를 부담시킨다는 특징이 있습니다. 지방세법이 비상장법인의 주식 취득 시 취득세를 부과하지 않는 점을 악용하여 부동산을 소유하고 있는 소규모 비상장법인의 주식을 인수하는 방식으로 부동산 취득세를 면탈하려는 시도에 대응하기 위한 제도이죠.

과점주주 간주취득세에 대한 비판

그러나 과점주주 간주취득세에 대해서는 여러 비판이 있습니다. 주식회사의 본질상 과점주주가 되었다고 해서 법률적으로 법인 소유의 부동산을 취득했다고 볼 수 없고, 이미 법인이 해당 부동산을 취득하면서 취득세를 납부하였는데 다시 과점주주에게 취득세를 부과하는 것은 이중과세의 성격이 있으며, 상장법인의 과점주주는 간주취득세를 부담하지 않아 평등원칙에 반한다는 주장이 대표적입니다. 하지만 헌법재판소는 "비상장법인의 과점주주는 실질적으로 해당 법인의 자산을 취득한 것으로 볼 수 있고, 과점주주에 대한 취득세 부과는 법인이 최초로 납부한 취득세와는 별개의 새로운 과세사실에 대한 취득세 부과로 이중과세가 아니다"라는 이유 등에서 과점주주 간주취득세가 합헌이라고 판단했습니다(헌법재판소 2017헌바402 결정).

과점주주의 판단기준

대법원은 간주취득세 납부의무를 부담하는 과점주주 여부를 주주명부상의 주주명의가 아니라 주주권을 실질적으로 행사하여 법인의 운영을 지배하는지에 따라 판단하고 있습니다.

구 지방세법 제7조 제5항 본문이 법인의 과점주주에 대하여 그 법인의 재산을 취득한 것으로 보아 취득세를 부과하는 것은 과점주주가 되면 해당 법인의 재산을 사실상 임의처분하거나 관리운용할 수 있는 지위에 서게 되어 실질적으로 그 재산을 직접 취득하는 것과 다를 바 없으므로 그 과점주주에게 담세력이 있다고 보기 때문이다. 그러므로 **간주취득세 납세의무를 부담하는 과점주주에 해당하는지 여부는 주주명부상의 주주 명의가 아니라 그 주식에 관하여 의결권 등을 통하여 주주권을 실질적으로 행사하여 법인의 운영을 지배하는지 여부를 기준으로 판단하여야 한다**(대법원 2016. 3. 10. 선고 2011두26046 판결 등 참조). 이러한 법리는 구 지방세법 시행령 제11조 제2항 본문에 따라 과점주주가 해당 법인의 주식을 취득하여 그가 가진 주식의 비율이 증가한 만큼 해당 법인의 부동산 등을 취득한 것으로 볼 수 있는지 여부를 판단할 때에도 마찬가지로 적용된다.

───

사례에서 A는 C 명의로 주식을 취득하였지만, 그 주식의 실질적 소유자로서 회사의 모든 부동산에 대해 간주취득세 납부의무를 부담합니다. 과세관청이 A에게는 과점주주 간주취득세를 부과한 것은 적법한 것이죠.

또한 상증세법은 조세 회피의 목적에서 명의신탁을 한 경우, 명의신탁자가 명의수탁자에게 해당 재산을 증여한 것으로 보아 명의신탁자에게 증여세를 부과한다고 정하고 있습니다. A는 과점주주 간주취득세를 회피하기 위한 목적으로 B에게 주식의 명의신탁을 한 것이기 때문에 고액의 증여세까지 추가로 부과 받게 됩니다.

유의할 점은 과점주주 간주취득세는 주주의 지분비율 변경을 기준으로 과세가 이루어진다는 점입니다. 주주의 지분비율이 증가하여 과점주주가 되면 법인 소유 부동산에 대해 간주취득세를 부담합니다. 반면 과점주주라도 지분비율이 증가하지 않으면 법인이 새로이 부동산을 취득하더라도 간주취득세를 부담하지 않습니다. 위 사례에서 A가 회사 주식 100%를 취득한 후 회사가 추가로 부동산을 취득하더라도 A의 지분에는 변화가 없으므로 간주취득세를 부담하지 않는 것이죠. 이는 과점주주 간주취득세가 비상장법인의 주식을 인수하여 취득세 등을 면탈하는 것에 대응하기 위한 목적에서 도입된 점을 고려하면 이해할 수 있습니다.

과점주주 간주취득세 부과 기준에 관한 비판

한편 현행 지방세법 시행령은 현재 과점주주이거나 과거에 과점주주였던 자의 주식비율이 증가되더라도 과거 최고 주식비율보다 주식비율이 증가되지 않는 한 간주취득세를 과세하지 않는다고 정하고 있습니다. 이는 법인이 부동산을 취득할 때 주주였던 사람은 법인이 취득세를 납부할 때 소유 주식비율만큼 사실상 이미 취득세를 납부한 것으로 볼 수 있다는 점을 고려한 규정입니다. 이 규정에 대해서는 다음 조세불복 실무노트에서 상세히 살펴보겠습니다.

그러나 이로 인해 불합리한 결과가 발생할 수 있습니다. 위 사례를 살짝 바꾸어 A가 회사의 주식 100%를 보유하다가 B에게 주식 60%를 양도하였고, 회사는 B에게 주식이 양도된 후에 부동산을 취득하였다고 가정해봅시다. 현행 규정에 따르면 회사가 부동산을 취득할 때 A는 과점주주가 아니고 B는 지분비율이 증가하지 않았으므로 A, B 모두에게 간주취득세가 부과되지 않습니다. 하지만 B가 보유 주식 60%를 모두 C에게 양도하면, C는 새롭게 과점주주가 되므로 간주취득세를 납부해야 합니다.

반면 B가 A에게 주식을 양도하면, A의 주식비율이 과거 최고 주식비율인 100%와 동일하기 때문에 A는 간주취득세를 납부하지 않아도 됩니다. 간주취득세의 부과에 있어 A와 C를 다르게 취급하는 것은 부당하다는 비판이 제기되고 있습니다.

과점주주 간주취득세는 그 요건의 불명확성으로 인해 당초 입법취지에 부합하지 않거나 불합리한 사례가 등장하고 있습니다. 과점주주 간주취득세를 통해 달성하려는 공익이 무엇인지 고민한 후 그 공익을 효과적이고 합리적으로 달성하기 위한 방향으로 관련 규정을 정비할 필요가 있습니다.

과점주주 간주취득세의 부과 기준

과점주주는 구체적으로 어느 경우에 간주취득세를 부담하는 것일까요? 크게 세 가지 경우로 나눌 수 있습니다.

먼저 최초로 과점주주가 된 경우입니다. 회사의 주식을 사거나 증자에 참여해 처음으로 과점주주가 되면, 그 시점에 본인이 가지고 있는 주식 전체를 그때 취득한 것으로 간주하여 취득세가 부과됩니다. 예를 들어, 원래 40%의 지분을 가지고 있던 사람이 20%를 더 사서 60%의 지분을 보유하게 되면, 그 사람은 회사가 가지고 있던 부동산 등의 60%를 취득한 것으로 간주되어 취득세가 부과됩니다.

지방세법 시행령

제11조(과점주주의 취득 등)

① 법인의 과점주주(…)가 아닌 주주 또는 유한책임사원이 … 최초로 과점주주가 된 경우에는 최초로 과점주주가 된 날 현재 해당 과점주주가 소유하고 있는 법인의 주식등을 모두 취득한 것으로 보아 … 취득세를 부과한다.

단, 회사 설립 시에 발행된 주식을 인수해 과점주주가 된 경우에는 간주취득세가 부과되지 않습니다. 회사는 주주의 출자금을 재원으로 자산을 취득하는 것인데, 회사에 취득세를 부과하는 것에 더하여 과점주주에게 취득세를 물리는 것은 과도하다고 보기 때문입니다(지방세법 제7조 제5항 참조).

다음으로 이미 과점주주인데 지분율이 늘어난 경우입니다. 기존 과점주주가 추가로 주식을 취득해 지분율이 늘어나면, 늘어난 만큼에 대해서만 취득세가 부과됩니다(지방세법 시행령 제11조 제2항 본문). 예를 들어, 지분율이 60%에서 70%로 늘었다면 10%에 대해서만 과세됩니다.

지방세법 시행령
제11조(과점주주의 취득 등)
② 이미 과점주주가 된 주주 또는 유한책임사원이 해당 법인의 주식등을 취득하여 해당 법인의 주식등의 총액에 대한 과점주주가 가진 주식등의 비율(이하 이 조에서 "주식등의 비율"이라 한다)이 증가된 경우에는 그 증가분을 취득으로 보아 법 제7조 제5항에 따라 취득세를 부과한다. 다만, 증가된 후의 주식등의 비율이 해당 과점주주가 이전에 가지고 있던 주식등의 최고비율보다 증가되지 아니한 경우에는 취득세를 부과하지 아니한다.
③ 과점주주였으나 주식등의 양도, 해당 법인의 증자 등으로 과점주주에 해당되지 아니하는 주주 또는 유한책임사원이 된 자가 해당 법인의 주식등을 취득하여 다시 과점주주가 된 경우에는 다시 과점주주가 된 당시의 주식등의 비율이 그 이전에 과점주주가 된 당시의 주식등의 비율보다 증가된 경우에만 그 증가분만을 취득으로 보아 제2항의 예에 따라 취득세를 부과한다.

마지막으로 과점주주의 지분율이 감소했다가 다시 증가한 경우입니다. 과점주주가 주식을 일부 팔아 지분비율이 감소했다가 다시 증가한 때에는 과거 과점주주가 가지고 있던 주식 또는 지분의 최고비율보다 증가된 부분에 한해 취득세가 부과됩니다(지방세법 시행령

제7조 제2항 단서, 제3항). 예를 들어, 과점주주의 지분율이 70%에서 60%로 감소했다가 새로 20%를 추가로 취득하여 80%가 된 경우에는 10%(= 80% - 과거 최고 지분율 70%)에 대해서만 취득세가 부과됩니다. 이러한 부과방식에 대해서는 앞서 본 것처럼 비합리적 결과가 발생할 수 있다는 비판이 있습니다.

정리하면, ① 법인을 설립할 때의 과점주주에게는 과세하지 않고, ② 법인 설립 이후에 과점주주가 된 자에게는 과세하되, ③ 과점주주가 되었다가 지분율이 내려갔다가 다시 올라간 때에는 과거의 소유비율의 최대치를 초과하는 부분에 대해서만 과세가 이루어지게 됩니다.

매경 Luxmen 연재 과정에서 큰 도움을 준 김주영 전 편집인님, 장종회 편집인님을 비롯한 매경 Luxmen 팀에 감사드립니다. 특히 오랜 연재 기간 동안 함께 고민하며 많은 도움을 준 김병수 기자님께도 깊은 감사를 드립니다. 단행본으로 제작하는 과정에서 치밀한 검토로 글의 수준을 한 단계 높여 준 이지원 편집자님께도 감사의 마음을 전합니다.

철없는 막내아들을 항상 믿고 지지해 주시는 사랑하는 아버지, 어머니, 그리고 소중한 아내를 올바르게 키워 주신 존경하는 장인어른, 장모님께 깊은 감사를 드립니다. 어릴 때부터 언제나 든든한 지원군이 되어 준 형에게도 고마움을 전합니다.

첫 책 『사회, 법정에 서다』를 출간할 즈음 태어난 딸 예은이가 어느덧 열 살이 되었습니다. 아빠를 따라 온 낯선 미국에서 씩씩하게 적응해주고 늘 용감하게 새로운 도전을 해나가는 예은이에게 "예은아, 네가 정말 자랑스러워!"라는 말을 이 책을 통해 꼭 전하고 싶습니다. 마지막으로 언제나 가장 가까운 자리에서 큰 힘이 되어 주는 고마운 아내 지영에게 사랑한다는 말을 전합니다.

• 저자 소개 •

서울대학교 법과대학 및 동대학원을 졸업하고, 미국 UCI에서 방문 연구(visiting scholar)를 했다. 사법연수원 37기로 공군 법무관을 지낸 후 서울중앙지방법원(2011~2013년), 서울서부지방법원(2013~2015년), 대전지방법원(2015~2017년), 대전고등법원(2017~2019년), 수원고등법원(2019~2021년), 대법원 재판연구관(2021~2024년)을 거쳐 현재 부산지방법원 동부지원 부장판사로 재직 중이다. 대전지방변호사회 우수법관으로 선정된 바 있다.

한국세법학회 연구이사로 활동하며 법률신문, 택스워치, 중소기업뉴스 등 다양한 매체에 세법과 경제법 관련 칼럼을 연재하고 있다.

세법과 관련하여 「용도폐지 정비기반시설 무상양도의 지방세법상 취득 유형과 취득세율에 관한 고찰, 저스티스 통권 171호」, 「제2차 납세의무자의 구제수단에 관한 고찰, 사법 통권 53호」, 「국세기본법상 특례제척기간 규정에 근거한 재처분의 허용 범위, 저스티스 통권 182-1호」, 경제법과 관련하여 「최근 공정거래 관련 민사 판결의 회고와 분석, 경쟁법연구 47호」, 「입찰담합 관련 손해배상 사건의 실무상 쟁점과 제도적 개선 방안, 사법 통권 67호」를 비롯한 여러 논문을 발표하였으며, 쓴 책으로 『사회, 법정에 서다』, 『오늘의 법정을 열겠습니다』가 있다.

세금, 판결로 보다

초판발행	2026년 1월 25일

지은이	허 승
펴낸이	안종만·안상준

편 집	이지원
기획/마케팅	김민규
표지디자인	권아린
제 작	고철민·김원표

펴낸곳	(주) **박영사**
	서울특별시 금천구 가산디지털2로 53, 210호(가산동, 한라시그마밸리)
	등록 1959. 3. 11. 제300-1959-1호(倫)

전 화	02)733-6771
f a x	02)736-4818
e-mail	pys@pybook.co.kr
homepage	www.pybook.co.kr
I S B N	979-11-303-9892-1 03360

copyright©허 승, 2026, Printed in Korea

* 파본은 구입하신 곳에서 교환해 드립니다. 본서의 무단복제행위를 금합니다.
* 이 책은 일반적인 정보 제공을 목적으로 합니다. 구체적인 사건에의 적용 및
  의사결정은 전문가의 도움을 받기 바랍니다.

정 가   17,000원